Reisen

Detlef Peters

Reisen

Mohland-Verlag • Detlef Peters Nachfolger

Die Deutsche Bibliothek - CIP-Einheitsaufnahme

Peters,Detlef:
Reisen / Detlef Peters. - Goldebek : Mohland. 1996

ISBN 3-932184-01-7

Umschlagillustration: Rhea J.Fiering, Hamburg
Lektor-und Korrekturarbeiten: Rhea J.Fiering, Hamburg
Layout: Rhea J.Fiering, Hamburg
Verlag: Mohland Verlag Detlef Peters Nachf.
Inh.G.Eichhorst-Kaltenbach - Dorfstr.9
25862 Goldebek
Gesamtherstellung: Clausen & Bosse GmbH, Leck
Printed in Germany
ISBN 3-932184-01-7

Reisen Anno 1745

In diesem Kapitel, aus dem noch nicht veröffentlichen Roman „Wetterleuchten", unternimmt ein Geestbauer zwecks Rinderzucht eine für damalige Verhältnisse weite Reise zu einem befreundeten Marschbauern. Diese Reise ist in vielerlei Hinsicht von Erfolg gekrönt, denn in dem gastlichen Haus des Marschbauern gibt es zwei bemerkenswerte Frauen.

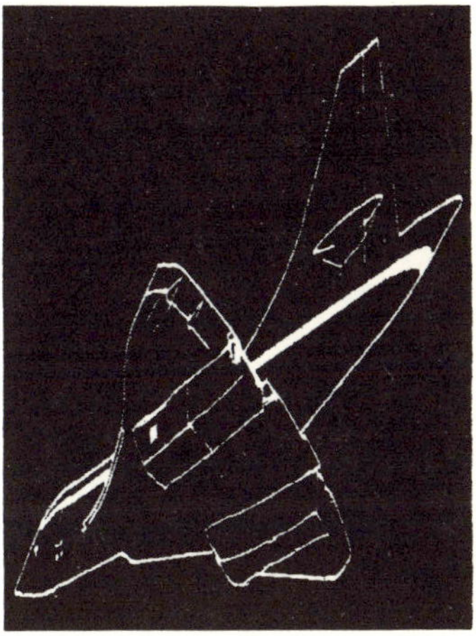

Fiete Groth in Indien

Im krassen Gegensatz zu der Wagenreise Anno 1745 steht natürlich eine Flugreise unserer Tage, die Fiete Groth mit dem Jumbo nach New Delhi unternommen hat. Die Eindrücke und Erlebnisse eines Norddeutschen werden nicht in Form eines Reiseberichtes geschildert. Diese Erzählung ist weit mehr. Sie ist Wahrheit. Zwei Welten prallen aufeinander.

Reisen Anno 1745

Ein Kapitel aus dem Roman „Wetterleuchten“

Der Geestbauer Jörn Carstens hatte die beiden Dänen[1], seine kräftigen Ackerpferde, schon an der Deichsel. Lieschen, die achtjährige Stute, sie war dieses Jahr güst[2] geblieben, scharrte derart ungeduldig auf dem Kopfsteinpflaster, daß die Funken nur so flogen. Moritz, der sechsjährige Wallach, wieherte aufgeregt und nervig zum nahen Stall hinüber. Hatte er nicht Zeit genug gehabt, seine Haferration zu fressen?

Bauer Carstens wollte gerade die Zugstricke am Schwengel bei der Stute festmachen, als letzte Tätigkeit beim Anspannen. Die lange Leine, dat Leit, war an den Trensen der Pferde eingehakt und lag lose und griffbereit auf der Fahrerseite über dem Sitzbrett im Wagenkasten. Auch die Peitsche lag daneben. Da vernahm Jörn die klappernden Holzpantinen seines eifrigen Lüttknechts Hein, schon bevor

---

1 Pferderasse

2 unfruchtbar; nicht tragend

der mit einer Schiebkarre um die Hausecke bog.

Hein hatte von dem Großknecht den Bescheid bekommen, nachher, wenn Lieschen und Moritz aus dem Stall seien, dort auszumisten.

Als Hein nun seinen Dienstherrn vor dem Gespann sah, setzte er die Karre sofort ab, kam eilfertig herbei und fragte: „Schall ick de Strängs[3] bi Moritz al fastmaken, Buur?“

Mit einem kurzen Blick zum Haus, zur Seitentür, gab der zur Antwort: „Dor tööf man noch´n Ogenblick mit, dor fehlt noch wat.“

Der Junge lief, in der Annahme, verstanden zu haben, denn auch schnell zur Diele, um mit Pferdestriegel und Bürste wieder herbeizueilen.

Natürlich waren die Pferde im Stall schon geputzt worden, aber ein bißchen nachbessern konnte ja nicht schaden. Das hatte Jörn zwar nicht gemeint, nickte aber dazu. Er wartete vielmehr auf seine Frau.

Da öffnete sich die Blangendöör[4], und Lena Carstens kam mit flinken Schritten zum

---

[3] Zugseil der Pferde
[4] Tür an der Längsseite des Hauses

Hofplatz, einen Korb vor sich her tragend. Sie war eine stattliche Person. Man eben einmetersiebzig groß, aber ohne überflüssige Pfunde. Ihr rötlich blondes Haar hatte sie in zwei breiten Flechten als Kranz auf ihrem hübschen Kopf zusammengesteckt. Einem bequemen Vogelnest nicht unähnlich. O nein, man sah ihr die Kinder, die sie geboren hatte, nicht an.

Auch der Großknecht war nun hinzugetreten, um mit Hand anzulegen. Jörn saß jetzt auf dem Kastenwagen und brauchte nur noch die Leine aufzunehmen.

Während die Knechte die letzten Zugstricke festzurrten, war Lena nach vorn gegangen, streichelte Moritz die Nüstern und klopfte Lieschen den kräftigen Hals mit den beruhigenden Worten: „So, so, so, nu man sinnig! - Un bringt mien Mann heel wedder trüch!"

Dann reichte sie ihrem Jörn den Essenkorb hinauf, wobei sich die Hände der Eheleute nur flüchtig trafen. Lena wollte noch etwas sagen, aber die Kinder, die nun lärmend nach draußen stürmten, um ihren Vater abfahren zu sehen, brachten sie davon ab, ihrem Mann noch schnell etwas Vertrauliches zuzuflüstern. Die Pferde wurden immer unruhiger.

Jörn nickte dem Großknecht zu, der Lieschen mit festem Griff an der Trense hielt: „Kannst looslaten, Jehann!“, nahm die Zügel auf, und die Pferde zogen an. Eine lange Reise begann.

Ein flüchtiger Beobachter dieser Szene hätte den Eindruck gewinnen können, es sei ein kalter, herzloser Abschied gewesen. Das war es aber keineswegs. Mit liebevollem Blick hatte der Bauer allen, zwar nur kurz, aber dennoch mit stolzer Freude in die Augen gesehen.

Nach knappen fünfzig Metern blickte er sich um. Und richtig ..., seine Frau und seine vier Kinder standen noch da. Der Größe nach, in Reih und Glied, standen sie vor den Haselbüschen und winkten ihm nach. Ein letztes Mal winkte er zurück und bog dann nach rechts in den Weg ein, der auf eine Schifferkate zuführte. Dort vorn, geduckt unter uralten Weiden an dem hier hohen Eiderufer, stand das frisch getünchte kleine Haus vom alten Kapitän Jürgen Bruhn.

Mit Käpten Bruhn, wie ihn alle kurz nannten, die ihn schätzten und verehrten, war Jörn verabredet. Dieser wollte mit über Land. Nach seinen vielen Reisen auf dem Wasser hatte er sich nun entschlossen, zum ersten Mal in seinem Leben eine weite Wagenpartie zu wagen. Und da stand er auch schon reisefertig, einen Seesack neben sich, wartend an seiner Pforte.

Mit den Schifferfamilien fühlten sich die Hochsteener schon immer durch ein freundschaftliches und uneigennütziges Verhältnis verbunden. Die Schiffer kauften schon lange Jahre, und auch noch, den Proviant für ihre Schiffe zum großen Teil auf Hochsteen. Die Bredörper oder gar die Hamdörper Bauern, die ja auch nicht weit von dem Eiderfluß entfernt ansässig waren, fühlten sich wohl auch zu gut, um mit den armen Schiffern Handel zu treiben.

„Na, Jörn, wodenni geiht Lena dat?" begann Käpten Bruhn die Unterhaltung auf dem Sitzbrett. Er wußte, daß Lena hochschwanger war, aber wartete gar nicht erst die Antwort ab. Schon plapperte er weiter: „Ick tööf al´n ganze Stünn op di!"

Jörn schüttelte lachend den Kopf über den munteren Alten und mußte erst einmal erklären, warum er sich verspätet hatte. Da hatte zu früher Morgenstunde eine Kuh gekalbt, und dies war keine leichte Geburt gewesen. -

„Dorüm harrst je liekers betiets loosfohrn kunnt! Hest doch Deensten genog op dien Buurstell! -Kaamt wi nu denn noch bi Dag hen na Windbarg?“

Diese und andere Fragen des alten Seebären prasselten auf Jörn ein. Der nickte lachend und ließ seine Peitsche knallen, daß die noch frischen Pferde mit dem leichten Fuhrwerk nur so dahinstoben. Langeweile würde es auf dieser langen Fahrt bis hinüber zur Meldorfer Bucht nicht geben ...

An der Bredörper Fähre brauchten sie nicht warten, denn ein Geselle auf Wanderschaft hatte lange, bevor ihr Gespann zum Fluß gekommen war, an der Rufglocke gezogen. Aber der Bursche, der auf der Walz war, hatte dennoch warten müssen, denn dem feinem Gehör des Fährmanns war nicht entgangen, daß sich Jörn Carstens näherte. Das hatte ihn wohl stutzig gemacht, denn erst letzte Woche hatte Jörn seine Starken über die Eider auf die gegenüberliegenden Wiesen gebracht, aber er wartete nicht vergebens. So erfuhr der Fährmann, der gleichzeitig Nachrichtenempfänger war und auch als Nachrichteninformant fungierte, allerlei Neues.

Ungeduldig gebärdeten sich die beiden Pferde, und dann endlich konnten die Tiere wieder anziehen und laufen. Allerdings achtete der Bauer darauf, daß seine Pferde aus dem schlanken Trab nicht in den Galopp fielen, weil sie sich nicht vorzeitig verausgaben sollten. Nach zirka zwei Stunden in Richtung Südwesten zogen die Tiere den Wagen schon bedächtiger. Besonders dann, wenn es etwas bergan ging. Die strahlende Maiensonne hatte den Sandweg ausgetrocknet und brannte den Männern an windgeschützten Wegstrecken ganz gehörig in den Nacken.

„Harr ick man mien Süüdwester[5] mitnahm", knurrte denn auch der olle Seebär und fügte dann noch hinzu: „Künnt wi ni bald mol den Anker smieten? - Ick mutt mol in de Büsch!"

Kaum hatte Käpten Bruhn seinen Wunsch ausgesprochen, da flog mit lautem Flügelschlag ein Pulk Rebhühner aus dem Gestrüpp am Wegesrand. Moritz scheute und riß Lieschen mit zur Seite. Der Vorderwagen

---

5 wasserdichter Seemannshut

drehte hart unter. Das linke Vorderrad schrammte, daß die Funken flogen, das Striekiesen[6] am Siedenenfläg[7]. Das vordere Ende des Schottenwagens der Reisenden wurde hochgedrückt. Bauer und Seemann rutschten mit ihrem Sitzbrett nach hinten, Kapitän Bruhn verlor die Balance und kullerte rückwärts in den Wagenkasten. Neben dem im Stroh eingepackten Proviantkorb fand er sich wieder.

Jörn jedoch stand aufrecht, die Leine fest in der Hand. Und das war gut so, denn die beiden kräftigen Pferde wollten gerade zum Galopp ansetzen. Lieschen bekam einen energischen Hieb an die Linke, dadurch drehte sich das Fuhrwerk und kam so wieder in die Spur.

Nach einigen Metern brachte Jörn sein Gespann zum Stehen und sagte zu seinem Begleiter: „So, nu klatter man daal, Käpten. Pinkelpaus!"

„Na ja", meinte der beim Herunterklettern: „So gau harr´t noch ni nödig daan! Harr dat woll noch´n beten länger utholln ..."

Während der Kapitän sich noch das Stroh von Jacke und Hose klopfte, hatte der

---

[6] Schutzeisen

[7] Seitenbretter am Kastenwagen

Bauer von jedem Pferd einen Zugstrick gelöst, die Leine am Eemertoppen[8] befestigt und eine Holzkrippe vom Wagen gezogen. Die hatte er im letzten Winter kunstfertig gezimmert, und zwar in der Art, wie er die Geländekrippen von den Husaren her kannte. In diese Krippe nun füllte Jörn Häcksel und mischte diesen großzügig mit einer Schaufel voll Hafer.

Kapitän Bruhn zog den aus Weiden geflochtenen Essenkorb vom Wagen, suchte ein schattiges Plätzchen und freute sich: „Gottloff, de is ni rümtrudelt. Nix is twei! Schötteln, Kruken un ok de Steenbuddel is heel bleven."

Jetzt wurde Rast gemacht. Die beiden Männer machten sich über den Reiseproviant her, den Frau Lena für sie zusammengepackt hatte.

„Wat is denn dat dor to rechter Hand för´n Karktoorm?" fragte Kapitän Bruhn.

„Tschaaa ... ick bün hier je ok noch ni west", antwortete Jörn und schnitt für beide ein deftiges Stück Schinken ab: „Dat mutt Albersdörp wesen."

„Du warst woll recht hemm", meinte der Seemann. „Un denn is dor in de Fiern, dor

---

[8] Zugstangenbolzen

vörut, twee Strich na Stüürboord", und er zeigte mit seinem Taschenmesser nach Südwesten, „denn höört de spitze Toorm woll al to den Meldörper Dom." Seinen linken Zeigefinger hielt er einen Augenblick in die Luft, schnupperte zuerst in alle Himmelsrichtungen, beroch dann seinen Finger. Betont wichtig tuend traf er die Feststellung: „Jörn Cassen, dor günt is de Nordsee!, wi sünd op´n richtigen Kurs!"

„Ha, ha, ha", blieb Jörn eine Antwort nicht schuldig. „Un dor´n beten mehr na´n Süüden, wo nu de Wind her weit, dor is Windbarg un dor, ool Fründ, laat uns nu op to."

Der Marschbauer, Bendix Tomöhlen, stand bei ihrer Ankunft breitbeinig vor seiner großen Bauernstelle. Die Sonne, die genau hinter ihm am wolkenlosen Abendhimmel stand, unterstrich seine wuchtige Erscheinung.

Als das Gespann auf Rufweite heran war, rief er mit dröhnender Stimme den beiden Ankömmlingen zu: „Na, Jörn Cassen, kunnst ni herfinn, uller sünd ji ünnerwegens to lang in Kroog west?!" Und nachdem Jörn Lieschen und Moritz zum Stehen gebracht hatte, fragte er: „Nanu, hest du dien Daglöhner[9] mitbröcht? Hebbt ji in Hochsteen to veel Deensten[10]?"

Der kräftige, hochgewachsene Marschbauer, der wie Jörn im besten Mannesalter war, stand noch immer breitbeinig, fast wie angewachsen da, hatte beide Daumen in den Taschen seiner offenen Weste, aber aus seinem verdächtig roten Gesicht strahlte die Wiedersehensfreude. Half dann aber doch dem alten Kapitän vom Wagen herunter, winkte einen Knecht zum Ausspannen der Pferde heran und begrüßte nun Jörn, seinen Stubenkamerad aus der Soldatenzeit.

Jörn befreite sich aus der stürmischen und überschwenglichen Umarmung und sagte: „Dat hier is Käpten Bruhn", und mit einem festen Blick fügte er in seiner ruhigen, bedächtigen Art hinzu: „He hett al mehr vun de Welt sehn as wi beiden tosamen, Kameraad."

Tomöhlen war für einen Augenblick verunsichert. Klopfte dann aber dem Kapitän auf die Schulter und polterte wieder los: „Nix för ungoot Seemann - un, willkamen in Windbarg."

---

9 Tagelöhner

10 Gesinde

Durch eine weit ausholende Bewegung seines linken Arms, welche nicht ohne Stolz war, lenkte Bendix Tomöhlen die Aufmerksamkeit seiner Gäste auf sein Anwesen. Und damit verfehlte er nicht die gewünschte Wirkung. Jörn Carstens und Käpten Bruhn schienen versteinert. Ein so wunderschön gemauertes Gebäude, umrahmt mit gesunden blühenden Obstbäumen und einem fürstlich anmutenden Vorgarten, hatten beide noch nie gesehen.

Nach einem Rundgang durch die Ställe in dem geräumigen Fachhallenhaus führte der Dithmarscher seinen Besuch in die Döns, in die gute Stube.

Der Geestbauer und erst recht Käpten Bruhn kamen aus dem Staunen nicht mehr heraus.

Was hatte sein Kamerad man noch gesagt? „Wi hebbt hier Klei[11] an de Fööt, Geestbuur! - Ji op den Flöhnsand ...“

Als Tomöhlen die Stube für einen Augenblick verlassen hatte, meinte der alte Kapitän: „Du Jörn, hier is je aver noch gor ni de

---

[11] schwerer, lehmhaltiger Marschboden

Marsch. Egentli is dien Kameraad je ok´n Geestbuur."

Damit hatte er recht. Die fette Marsch war hier noch nicht. Jörn erinnerte sich daran, daß sein Kamerad mal etwas von einer Erbschaft erzählt hatte, von Marschweiden. „Aver wat in de Melk to krömen hebbt se hier", entgegnete Jörn.

Ja, das sah man auch in der Wohnstube. Die Wände waren über und über mit kostbaren Delfter Fliesen versehen. Die Flächen zwischen den dunklen Deckenbalken waren mit naturgetreuen Blumenkränzen bemalt, und herrlich gedrechselte und kunstvoll geschnitzte Sitzmöbel standen um einen soliden runden Eichentisch. Und an der Stelle, wo auf Hochsteen noch der Bilegger[12] stand, war hier ein großer, breiter Kachelofen, dessen Türen aus blank geputztem Messing bestanden. O ja, hier war Reichtum, das war unübersehbar.

Nun konnte Jörn auch verstehen, wieso der "Freiwillige" aus der Marsch damals in Schleswig bei den Husaren seinen Kameraden gegenüber oft so spendabel gewesen war.

---

[12] Ofen, der vom Nebenraum aus befeuert wird

Auch nun wieder schleppte Tomöhlen Bierkrüge herbei. Diese aber waren weitaus prächtiger als die, aus denen sie damals getrunken hatten. Sie waren aus feinem Zinn gegossen, hatten reich verzierte Henkel und offenstehende Deckel, die mit den Initialen BT versehen waren. Weißer Schaum quoll aus diesen wunderschönen Trinkgefäßen.

Jörn war so einen Anblick nicht gewohnt, und selbst der Kapitän, der Weitgereiste, konnte nicht verhehlen, daß ihm diese Art nicht alltäglich war. Beide aber waren durstig und zeigten dem Hausherrn ihr Wohlbehagen.

Schon rief der mit lauter Stimme: „Dörtje, bring de Kann mol rin!"

Jörn stellte seinen Bierkrug ab, wischte sich behaglich den Schaum aus dem Bart und sagte: „Man langsam, man langsam, Kameraad."

Aber schon ging die Tür zur Küche auf, und eine junge Frau, oder war sie ein älteres Mädchen?, betrat, eine große Kanne vor sich her tragend, die Stube. Flink, aber verstohlen schweiften ihre großen dunklen Augen zuerst zum Marschbauern hin. Dann stellte sie die Kanne auf den Tisch machte einen artigen

Knicks, wieder zuerst zu Tomöhlen herüber. Ihren Blick ließ sie mal eben über Käpten Bruhn gleiten, um dann ihre Glutaugen an dem Gesicht des Geestbauern zu heften.

Auch Jörn hatte sie interessiert und irritiert angesehen. Er wurde unter dem kecken Blick des Mädchens sogar ein bißchen verlegen und wollte schon unschlüssig aufstehen.

Sie jedoch machte nun auch vor Jörn einen zierlichen Knicks, wobei sie artig die Augen niederschlug. Abrupt drehte sie sich um, und der reiche Faltenwurf ihres Rockes geriet dabei derart in Schwingung, daß für einen kurzen Augenblick die weißen Spitzen ihres Unterkleides hervorblitzten. Dann verschwand sie mit schnellen, kleinen Schritten aus dem Raum.

„Hö, Geestbuur, kumm to di!“ rief Tomöhlen prustend. „Dat weer ni uns Waalriedsche[13], ha, ha, ha!“ -

„Düvel ok“, sagte Jörn. „Ick dacht al, dat weer dien Fru!“

Es sei natürlich nicht die Bauersfrau gewesen, klärte Bendix Tomöhlen seine sprachlosen Gäste auf. Nein, nur das Hausmädchen

---

13 Nachtmahr, Gespenst

habe das Bier gebracht, ergänzte er amüsiert, und dabei betonte er das Wort "nur" in einer Weise, daß Jörn und Käpten Bruhn um so mehr verwundert dreinblickten.

Gunda Tomöhlen, die Hausherrin, war unterdessen noch in der Küche mit den Vorbereitungen zum Abendessen beschäftigt. Dazu wendete sie ihre ganze Kochkunst auf, denn alten Freunden ihres Ehemannes wollte auch sie eine vorbildliche Gastgeberin sein.

Allzu lange blieben die drei Männer nicht allein bei ihrem Bier, als abermals die Tür ging. Nun kam als erste Gunda herein, gefolgt von Dörtje, dem dunkeläugigen Hausmädchen. Die trug ein großes Tablett, das beladen war mit einer dampfenden Suppenterrine, mit Porzellantellern, silbernen Löffeln und einem Salzfäßchen. Gunda machte auf dem großen runden Tisch Platz, und das Mädchen deckte mit flinken Händen den Tisch.

Die Dithmarscher Bäuerin trat, verlegen vor sich hinblickend und ihre wohl noch feuchten Hände an ihrer Schürze abtrocknend, vor Jörn hin. Er war natürlich aufgestanden, ebenso Kapitän Bruhn. Gespannt und mit einem lauernden Blick beobachtete Tomöhlen die Szene.

Als Gunda den Kopf hob, sah Jörn, daß die Frau feuerrot im Gesicht geworden war, und gleichzeitig durchfuhr ihn ein heftiger, aus Entsetzen und Bedauern gepaarter Schrecken. Sofort gab sich Jörn einen inneren Ruck und griff nach Gundas Hand, mit der sie noch immer an ihrer Schürze nestelte.

Er räusperte sich und sagte mit fester Stimme: „Ick freu mi, Gunda Tomöhlen, datt ick un Käpten Bruhn, bi ju to Gast wesen künnt."

Dabei war es ihm unmöglich, der Frau in die Augen zu sehen, und zwar nicht nur, weil Gunda ihren Blick wieder gesenkt hatte, sondern auch deshalb, weil sie gottserbärmlich schielte.

Die Unterhaltung während der kräftigen Mahlzeit, die aus mehreren Gängen bestand, wurde hauptsächlich von dem Marschbauern in Gang gehalten. Doch der redegewandte Käpten ließ sich nicht lumpen, und als ein paar Gläser Branntwein die Runde gemacht hatten, verlor auch Jörn seine Wortkargheit. Man unterhielt sich über manch spaßige Begebenheit, dem Drill und auch kleinen Schikanen, die sich während ihrer gemeinsamen Soldatenzeit zugetragen hatten.

Nach einer Weile erinnerte der lebenserfahrene, alte Seemann: „Du Jörn, wullst du hier ni egentli´n Bull köpen? In Düüstern ward dat villicht´n Ossenkoop."

Das Stichwort brachte die beiden Bauern sofort auf die Beine und man eilte wieder in den Stall. Der zum Verkauf stehende Jungbulle bekam einen Halfter über und wurde in den Hof geführt.

„Dat is aver man´n Spiddel[14]!" konnte Jörn sich nicht verkneifen zu bemerken.

Nein, der eineinhalbjährige, rote Jungbulle machte auf den Geestbauern einen enttäuschenden Eindruck. Da hatten doch seine Rotbunten mehr zu bieten!

Jörns niederschmetterndes Urteil stachelte den Ditmarscher an, und er geriet immer mehr in Fahrt. Nun war er ganz Rinderzüchter und pries die vielfältigen Vorteile der "Roten-Wilsteraner" Rasse mit lebendigen Worten.

---

[14] Dürrer, Schmächtiger

„Jörn, glööv mi dat, wenn du mit düt Bloot inkrüüzt, un denn op dien fetten Eiderwischen, denn muttst du di bald´n grötteres Botterfatt anschaffen!“

„So fett, as de Maschbuur denkt, sünd uns Hochsteener Wischen ni“, so dachte Jörn bei sich.

Die tiefer gelegenen Flächen zum Eiderflußbett hin, wurden leider allzuoft überflutet, und saure Gräser waren vielerorts die Folge.

Dennoch, er war ja im Grunde nur deshalb so weit gereist, weil er wußte, daß eine höhere Milchleistung am ehesten durch Einzucht dauerhaft zu erreichen war. Diese Rinderrasse gefiel ihm aber vom Rahmen her nicht besonders. Die kamen ihm doch ein bißchen leicht und kantig vor. Zumindest die hier.

Allerdings, als er vorhin in den Melkeimer, mit der gerade eine Magd vom Melken aus der Kuhreihe gekommen war, nur so nebenbei hineingesehen hatte, da mußte er sich doch wundern. Bei dem Rundgang durch die Wirtschaftsräume und der Butterkammer hatte er schon einmal gestaunt, welch dicke Rahmschicht auf einer Schüssel mit abgestandener Milch gewesen war.

Nun wußte er, daß er ohne einen Bullen nicht zurückfahren würde.

Auf seine Frage: „Du segg mi, Bendix, hest du de Tiern ut Angeln al mol sehn?“ wollte er gar keine Antwort haben, so fügte er noch hinzu: „Dor schüllt se jüß so´n Slag hebben ...“

Jörn legte eine kleine Kunstpause ein, um den Marschbauern nicht an einen allzu hohen Kaufpreis denken zu lassen. Prompt kam daraufhin die Reaktion.

„Wat so´n Bull in Angeln kost, weet ick ni! Mien kost dörtig Mark“, sagte Tomöhlen und hielt Jörn die offene Hand hin.

Seinem Knecht befahl er, der immer noch eine Runde nach der anderen mit dem Bullen drehte: „Treck em rin!“

Aus voller Kehle lachend, fragte er: „Hest so veel mit, Geestbuur?“

Ohne eine Miene zu verziehen, ergriff Jörn die Hand seines ehemaligen Kameraden, bot vierhundertfünfzig Schillinge und schlug nun mit seiner flachen Rechten von oben zu.

Verdutzt sah Bendix Tomöhlen hoch. Er rechnete: „Eine Mark gleich sechzehn Schillinge ...", besann sich, grinste und forderte nun sieben Reichstaler.

Jetzt war Jörn wieder am Rechnen und sagte schmunzelnd: „Dat sünd je binah, - dat sünd je sößhunnerttweeunsöventig Schillinge! Du büst´n Juud!"

Noch immer lachend legte Tomöhlen seinen Arm um Jörns Schulter und meinte vergnügt: „Is dat´n Spaaß! Kumm Husar, dat begeet wi!"

Gerade in dem Moment kam Kapitän Bruhn um die Hausecke zurück. Er hatte sich still davon gemacht, um sich die Beine zu vertreten und um sich etwas umzusehen. Außerdem wollte er als Laie diesem Handel nicht im Wege sein.

Schon eine Stunde später war aus dem Begießen der Handelseinigung eine feuchtfröhliche Runde in der guten Stube der Marschhofer geworden. Selbst Gunda Tomöhlen hatte sich da nicht ganz ausgeschlossen. Wenn sie auch die erste Runde nur zum Schein mitgetrunken hatte, so saß sie jetzt noch auf der Ofenbank und beschäftigte sich mit einer Stickarbeit.

„Deern, Gunda!“ prahlte[15] ihr Mann zu ihr hinüber. „Steek di man ni in Finger, ha, ha, ha!“

Gunda duckte sich noch ein bißchen mehr über ihre Arbeit und - schwieg.

Tomöhlen beachtete Gundas Reaktion nicht, sondern rief statt dessen laut nach Dörtje, dem Hausmädchen. Und diese kam sogleich, als hätte sie hinter der Tür gestanden, mit einer frischen Kanne Bier herein.

Kapitän Bruhn verwahrte sich vor dem Nachschenken, indem er eine Hand über seinen Krug hielt. Dem Jörn Carstens aber schenkte sie ein und sah ihn, während das Bier aus ihrer Kanne in seinen Krug floß, mit ihren schönen Augen schmachtend an.

Tomöhlen hielt dem Mädchen seinen Krug entgegen, zog diesen aber, als sie ihn entgegennehmen wollte, mit dem Mädchen an sich heran. Aufjuchzend wäre sie beinahe über seine Füße gestolpert, aber Tomöhlen packte rechtzeitig zu, so daß sie auf seinen Knien zu sitzen kam. Dörtje ging lachend auf diesen Scherz ein und schenkte dem Bauern im Sitzen nach.

---

[15] sich mit großen Worten hervortun

Kapitän Bruhn erhob sich ächzend von dem Lehnstuhl, trat vor Gunda Tomöhlen hin und fragte: „Wohen kann ick mien olen Knaken leggen, Fru Gunda, ick möch geern to Ruh."

Die Angesprochene legte sofort, als hätte sie diese Frage erwartet, ihr Stickzeug zusammen und antwortete: „Ick mutt ok to Bett, Käpten." Dann stand sie auf. Mit ihrer Verlegenheit kämpfend, fügte sie hinzu: „Ick wies di, woneem dien Kamer is." Auch den anderen wünschte sie eine gute Nacht und ging dem alten Kapitän voraus.

Verdutzt guckte Jörn zur Tür, die sich leise hinter den beiden geschlossen hatte. Nahm, unangenehme Gefühle verdrängend, einen tiefen Schluck aus seinem Krug und brachte, angetrunken wie er mittlerweile war, nur ein erstauntes „Nanu!?" über die Lippen.

Bendix Tomöhlen ließ Jörn nicht weiter zur Besinnung kommen, indem er ihn nach allem möglichen ausfragte, aber besonders von sich erzählte. Das Hausmädchen wurde ermuntert, doch zu bleiben und mitzutrinken. Und sie blieb gern. Obwohl sie selbst dem Bier nicht sonderlich zusprach, so versäumte sie nicht, die Bierkrüge ständig nachzufüllen.

Natürlich kam auch der Viehhandel wieder zur Sprache, und unter dem Einfluß des guten Bieres wurde man sich erneut mit manchem Handschlag schnell einig. Jörn hatte sieben blanke Reichstaler auf den Tisch gezählt und sogar noch ein Markstück dazugelegt, denn er hatte gleich obendrein einen Schafbock erstanden. Und es war ein ehrlicher Handel geworden, bei dem keine Partei schlecht weggekommen war.

Nach einem weiteren Krug Bier kam Dörtje, wie zufällig, auf den Schoß von Jörn zu sitzen. Der hatte nun auch keine Einwände mehr, sondern legte seinen Arm um ihre schlanke Taille. Langsam beugte sie sich über seinen Nacken, hauchte einen flüchtigen Kuß auf seinen Haaransatz und biß dann plötzlich, mit verhaltener Gier, in seinen Hals. Jörn Carstens lief ein heißer Schauer über den ganzen Körper. Alle Härchen seines Körpers, so schien es ihm, müßten steil zu Berge stehen. In der Leistengegend fühlte er ein starkes Ziehen wie lange nicht mehr. Da wollte er sie fest an sich pressen und bog, beide Hände unter ihre

Achseln, ihren Oberkörper zu sich nach vorn. Ihr schönes Gesicht ganz nah, die Augen geschlossen, den weichen Mund leicht geöffnet, so daß ihre weißen, kräftigen Zähne im Halbdunkel des Zimmers blinkten. So lag das begehrenswerte Weib an seiner Brust.

Jäh aber befreite sich Dörtje aus seiner Umarmung, sprang auf und eilte, als müsse sie vor einer Gefahr fliehen, in die geöffneten Arme - ihres Dienstherren.

Wie betäubt stierte Jörn auf Bauer und Magd, ohne sich darüber bewußt zu sein. Selbst Zeit und Raum hatten für ihn keine Bedeutung. Erst als die beiden nach einer Weile voneinander ließen und sich ihm wieder zuwandten, kehrte er langsam in diese Welt, auf den Hof des Marschbauern von Bendix Tomöhlen, zurück.

Vollends zu sich kam Jörn dann, als Tomöhlen ihm scherzhaft mit dem Finger drohte und dabei sagte: „Jörn, Jörn, du büst je´n ganzen Legen! Toeerst kiekst du mien Gunda deep in de Ogen, un nu wullt du ok noch mien Deenstdeern vernaschen!“

Entrüstet entgegnete Jörn: „Dien Gunda, dien Gunda ...“ Aber die passenden Worte wollten ihm nicht einfallen.

Sein Zechkumpan jedoch hob den Krug, bog sich dabei vor Lachen und übertönte alles mit seiner lauten Stimme: "De kann aver mol fein scheef kieken, wat?"

Jörn setzte sich ganz steil auf, und seine Augenbrauen zogen sich unwillkürlich drohend zusammen. Doch zu Wort kam er nicht.

Das Hausmädchen hatte inzwischen, wie hingehext, drei Gläser mit Branntwein gefüllt und gurrte: „Proost ji Mannslüüd, op den Bull un op den Bock!“

Bendix Tomöhlen meckerte albern seine Zustimmung und trank.

Daraufhin leerte auch Jörn sein Glas, und bevor er wieder zu Atem kam, stieß schon der Marschbauer unter Prusten und Husten hervor: „Bi hunnert Dehm[16] Land, mien Bester, ha, ha, ha, dor dörv de Olsch ok schieln, meenst ni ok, Jörn? So veel hett se mitbröcht!“ Dann setzte er seinen Krug an und leerte ihn in einem Zug.

---

[16] 1 Dehm = Demat = ½ ha

Auch nach dieser schamlosen Bemerkung brach sich die Entrüstung in Jörn keine Bahn. Er war schon zu sehr berauscht, um darauf noch reagieren zu können.

Bendix Tomöhlen hingegen war Jörns Unmut nicht entgangen, und so wechselte er, um seinen Kameraden bei Laune zu halten, geschickt das Thema.

Als das Saufgelage seinen Höhepunkt erreichte, kam den beiden Männern eine ausgefallene Idee. Der Bulle sollte getauft werden. Leise kichernd machten sich, nun untergehakt, die beiden Bauern auf den Weg zum Stall. Dörtje ging vorweg und leuchtete ihnen mit der Petroleumlampe. Die Männer schwankten hinterher und hielten in den freien Händen natürlich ihren Krug.

Wer nun auf den Einfall gekommen war, den jungen Bullen mit Namen Christian VII. taufen zu wollen, wußte später keiner mehr zu sagen. Nur der Lüttknecht, der durch das Spektakel des Taufrituals geweckt und alles zwangsläufig mit anhören mußte, meinte Tags darauf, bevor Jörn Carstens und der Kapitän auf ihren Wagen stiegen: „Dat mit den Naam vun unsen König, dat geiht aver ni! De is doch tütellüüt![17] Unsen Bull aver ni!"

Nun aber nach vollzogener Bullentaufe, die dem Tier offensichtlich sehr gefallen hatte, der Bulle leckte das verschüttete Bier auf, begab sich die kleine torkelnde Gesellschaft wieder in die Wohnstube.

Das Hausmädchen füllte ein letztes Mal die Gläser und die Krüge und rief herausfordernd: „Noch een op Chrischoon de Sövente, Proost! - Ick - ick mutt nu ünner de Göös!" Und verschwunden war sie.

Die beiden Männer starrten mit glasigen Augen hinterher.

Plötzlich wurde Jörn, der für eine Weile eingeschlafen war, mit den Worten auf die Füße gestellt: „So, Kameraad Geestbuur, nu geiht dat in de Heia! - Heff ok noch wat Leckeres för di! Kumm mit Kameraad, ick wies di mol wat Schöönes ..."

Trunken, dennoch gutmütig, ließ sich Jörn von seinem Kameraden führen. Nicht ahnend, daß sein übermütiger Kumpan mit ihm eine kleine Schlafkammer ansteuerte, die eigentlich tabu hätte sein müssen. Jörn war nur

---

[17] verwirrt

froh, sich in der Dunkelheit nicht allein zurechtfinden zu müssen. -

War die Tranfunzel nun ausgebrannt oder hatte Tomöhlen sie absichtlich gelöscht?

Zu einem Ergebnis kam er nicht mehr, denn ein zugeflüstertes „Blief hier stahn“, und „Holl di hier an de Laad fast!“ erforderte nun seine ganze Aufmerksamkeit.

Jörn tat, was von ihm verlangt wurde. Am liebsten hätte er sich schon im Stall ins Stroh sacken lassen, um seinen Rausch auszuschlafen, aber da vernahm er, daß eine Tür leise geöffnet wurde. Er hörte seinen Freund in der Kammer tuscheln. Dann raschelte Bettzeug, und gleich darauf vernahm er eine weibliche Stimme, die ebenfalls flüsterte. Nur verschwommen und schemenhaft nahm Jörn eine sich aufrichtende, hell schimmernde Gestalt wahr.

Tomöhlen stand wieder ganz nahe bei ihm, griff ihm unter die Arme und flüsterte dicht an seinem Ohr: „So, ool Kameraad, nu kumm. - Aver liesen!“

Von nun vier Händen gestützt und geführt, sank Jörn Carstens auf ein aufgeschlagenes Bett, das angenehm warm war. Er ließ es sich gefallen, daß man ihm die Stiefel von den Beinen zog. Auch, daß man ihm beim Auskleiden von Rock und Hose behilflich war, ließ er über sich ergehen. - Weiche Arme streiften dabei sein Gesicht. Seinem Schicksal ergeben und mit allem rundum zufrieden, genoß er es, zugedeckt zu werden.

Daß sein Husarenkamerad sich auf leisen Sohlen entfernte, bemerkte Jörn schon nicht mehr ... nur, daß ein nach Liebe verlangender Frauenkörper sich an ihn schmiegte. - Eine zärtliche Hand liebkoste seinen Rücken. Ein voller, weicher Busen schmiegte sich an sein Kinn, und pralle Schenkel umklammerten seine Beine. Ohne Gier, aber willig genoß Jörn Carstens, was ihm so gänzlich ohne Scheu, dennoch mit inbrünstigem Verlangen geboten wurde. Von diesem traumgleichen Erlebnis glitt er direkt in einen traumlosen Schlaf.

Eine Weile später, als sich die Alkoholwolken schon etwas verflüchtigt hatten, wurde Jörn von dem Ditmarscher geschüttelt und mit den Worten wachgerüttelt: „He, Geestbuur, kumm mit!“

Abermals führte man ihn durch die Dunkelheit, und wieder wurde eine Tür leise geöffnet. Suchend tastete er in den Raum, um an einem Bettpfosten Halt zu finden. Geräuschlos wurde die Tür von außen geschlossen. Und wieder sank er in ein weiches Bett, um kurz darauf einzuschlafen.

Am frühen Morgen, geweckt durch vertraute Hofgeräusche, fand er sich allein im Bett und in der Schlafstube. Hatte er geträumt? War alles nur ein Traum gewesen? Was um Himmelswillen war nur in den letzten Stunden passiert? Solche Fragen pochten unbeantwortet an sein Gewissen, während er sich die Hose zuband und in die Stiefel stieg. Mit seinem Rock, lose über die Schulter geworfen, betrat er den Hof.

Hier hatte dieser Morgen wie fast jeder auf einem Bauernhof begonnen. Alle Tiere waren schon mit Futter und Wasser versorgt worden, und wie immer stand das Frühstück pünktlich auf dem Tisch. Nur eine Kleinigkeit unterschied diesen Morgen von anderen, nämlich die, daß Jörn in dem Augenblick an den Soot[18] trat, als Bendix seinen Brummschädel gerade aus einem Wassereimer mit Schwung hervorholte. Besonders redselig gaben sich

---

[18] Quelle, Brunnen

beide nicht, aber über das verschmitzte Grinsen von Tomöhlen, das so vielsagend war, ärgerte sich Jörn. Er schämte sich zwar und versuchte, dieses unangenehme Gefühl am Soot wegzuwaschen, aber so ganz gelang ihm das nicht.

Verstohlen musterte er am Frühstückstisch in der Küche die anderen Gesichter. Jeder der Anwesenden gab sich ganz natürlich.

Sein ehemaliger Kamerad, unbekümmert, wie er ihn schon immer kannte, unterhielt sich mit Kapitän Bruhn über die christliche Seefahrt, über die sterbenden Hanse und über Seeräuber.

Gunda, wie immer schweigsam, schob Jörn die Butterglocke näher hin und sagte kurz und knapp: „Lang düchti to, Jörn, ji hebbt noch´n lange Reis vör ju."

Das Hausmädchen schenkte allen am Tisch noch einmal aus der Buttermilchkruke nach. Dem Lüttknecht beugte sie sich dabei besonders über die Schulter und streichelte ihm mit der Linken die Wange. „Drink man düchti Bottermelk, lütt Jung, dat maakt stark!" wisperte sie ihm ins Ohr, allerdings so, daß alle am Tisch es hören konnten und sollten. Aber es lachte keiner. Mit einer Geste, die ihr Beleidigtsein ausdrückte, verschwand sie nach draußen.

In die so entstandene Stille fragte Tomöhlen unvermittelt : „Segg mol, Jörn, woveel Kinner hest du egentli?“

Der bemerkte, daß er einen roten Kopf bekam, und sah deshalb nicht auf, als er, wenn auch zögerlich, antwortete: „Noch heff ick blots veer.“ Blitzartig hatte er das Unglück auf der vereisten Eider vor Augen und stotterte: „Wi, - Lena is, - wi tööft op dat Fiefte.“

Da schlug der Marschbauer so unvermittelt und heftig mit der Faust auf den Tisch, daß alle vor Schreck zusammenfuhren.

„Ha!“ brüllte er grob. „Hest dat hööրt, Gunda?! - Un wi hier, hebbt överhaupt noch ni een Arven!“

Gunda sprang auf und alles Blut schien aus ihrem Gesicht gewichen zu sein. In panischer Hast verließ sie, unter rohem Gelächter ihres Ehemannes, die Küche.

Nach einer bedrückenden Weile des Schweigens platzte Tomöhlen mit einem Einfall heraus: „Du, Jörn, wat höllst dorvun, wenn wi beiden olen Kavalleristen uns to Peerd sett un mol an de See rieden doot?“

Das riß Jörn aus seinen schweren Gedanken, die sich beharrlich um die Frage drehten, mit welcher von den beiden Frauen er das Bett und das Verlangen geteilt hatte. Keine eindeutige Geste hatte es ihm verraten, und natürlich hätte er sich nie getraut nachzufragen. So kam ihm der Vorschlag, einen Ausflug zu unternehmen, gerade recht, und begeistert willigte er ein.

Auch Kapitän Bruhn sollte mit von der Partie sein, doch der lehnte es kategorisch ab. Nein, nein, die Nordsee hatte er in seinem Leben oft genug erlebt. Hin und wieder zahm wie ein Lamm, meistens aber störrisch wie ein Esel und wütend gleich einem Stier.

So trieben die beiden Kameraden schon kurze Zeit später die prächtigen Warmblutpferde aus Tomöhlens Stall zum wilden Galopp über die Meldorfer Marsch nach Westen zu.

Der Wind hatte unterdessen nach Südwesten gedreht, war aufgefrischt und püsterte den beiden gehörig ins Gesicht. Hui, war das ein Gefühl von Freiheit! Diese unendliche Weite!

Kein Berg, kein Wald versperrte die Sicht. Nur da und dort ein paar Büsche oder vereinzelt stehende, vom Wind gebeugte Bäume unterbrachen den Horizont. Schnaubend preschten die Pferde einen fast unmerklichen, mit Gras bewachsenen Hügel, dem darauf verlaufenden, wahrlich nicht hohen, steilen Deich hinauf.

Und da war sie. Die Nordsee! Schaumbekränzte Wellen schoben sich unaufhörlich dem Deich entgegen und überschlugen sich grollend am Vordeich. Der Wind peitschte die Gischt hoch auf, so daß Jörn und Bendix das Salz des Meeres auf ihren Lippen schmecken konnten. So etwas hatte Jörn Carstens in seinem Leben noch nie gesehen und erlebt.

Tomöhlen brachte sein Pferd dicht an das von Jörn heran und schrie diesem, durch den heulenden Wind hindurch, ins Ohr: „Stormfloot!"

Der Geestbauer nickte mit dem Kopf. Er hatte begriffen. Wenn die Flut, wie gerade jetzt, bei so einem starken Wind kam, dann war das eine Sturmflut.

Die Wellen, die vor einer Weile ihm kraftvoll, dennoch harmlos erschienen, wuchsen nun von Minute zu Minute. An den brüllenden Löwen und dessen wallende Mähne, den er vor Jahren in Rendsburg bei fahrendem Volk bewundern konnte, erinnerten ihn diese sich stetig auftürmenden Wogen. Fasziniert gab er sich dem ihm unbekannten Schauspiel hin, bis eine Furcht vor den Naturgewalten in ihm hochkroch. Doch die Besinnung an Gottes Allmacht kehrte seine Furcht in Ehrfurcht um.

Gerade als sich der Gemütszustand von Jörn Carstens stabilisiert hatte, packte ihn Tomöhlen mit Gewalt an die Schulter und riß ihn aus seiner gedanklichen Versunkenheit. Tomöhlen schrie gegen den nun zum Sturm angewachsenen Wind an.

„Jörn, wi mööt torüch, sünst versuupt wi hier!" Damit wendete er energisch sein Pferd und sprengte im Galopp Windbargen entgegen.

Allzu großes Vertrauen in die Seedeiche hatten wohl beide nicht.

Kapitän Bruhn hatte mittlerweile absolut nichts versäumt. Ganz im Gegenteil. Er betrachtete noch einmal in Muße diesen herrschaftlich anmutenden Vorgarten mit dem Buchsbaumrondell, aus denen eine enorme

Blütenpracht, einem Füllhorn gleich, hervorquoll.

Gunda Tomöhlen hatte den Kapitän von einem Fenster aus beobachtet, wie er so andächtig vorgebeugt um ihr Rondell auf dem Kiesweg schritt. Diese Andacht des Alters war es, daß ihr ein vergessengeglaubtes Gefühl des Vertrauens einflößte.

Entschlossen ging sie zu ihm hinaus und begann ein Gespräch über die exotischen Pflanzen, die Tulpen. Darüber konnte der weitgereiste Seemann mitreden. Diese Pflanzen hatte er in Konstantinopel blühen sehen. Er wußte seiner liebenswürdigen Gastgeberin sogar über einen Börsenkrach in Amsterdamm zu berichten. Einen Börsenkrach um eine Blume.

Die Bauersfrau führte den alten Kapitän zu einer kleinen schlichten Holzbank, die windgeschützt hinter dem Haus stand, und dort führten zwei verwandte Seelen ungestört lange Gespräche.

Hier traute sich Gunda, Fragen über Jörn Carstens und dessen Familie zu stellen, und Käpten Bruhn erzählte ihr bereitwillig alles, was er wußte. Zum Beispiel von früher, von der Zeit, als auf Hochsteen noch die Pest, oder war es die Cholera?, gewütet hatte. Und er berichtete Gunda von der Zeit, als Jörn mit seiner Familie seiner alten Besitzrechte, seiner ihm zustehenden Lehnshufe[19], zugeführt wurde. Auch, daß Jörn und seine Lena ihren Ältesten auf so schreckliche Weise verloren. Er ließ auch nicht aus, daß dieser Junge, der sich am liebsten an der Eider aufgehalten hatte, im Eis eingebrochen und ertrunken war. Vor den Augen seiner beiden jüngeren Brüder. Und er verschwieg nicht, daß Lena dem Zweiten, der Detlef hieß, lange Zeit innere Vorwürfe machte, dafür, daß er und sein kleinerer Bruder einfach nur geschrien hatten: „He is weg! - He is weg!“ Ja, alle waren in Lohstedt und Hochsteen und Umgebung um Lena bange[20] gewesen, daß sie ihren Verstand verlieren könne. Der Detlef aber, der inzwischen ja ein ganz aufgeweckter Junge und ganz anstellig bei der Landarbeit sei, der hätte das Malheur ganz und gar vergessen.

---

[19] pachtmäßiges Landmaß, dem ursprünglich die für eine Familie notwendige Nutzungsfläche zugrunde lag

[20] ängstlich, besorgt sein um

Daß wievielte Kind denn nun wirklich unterwegs sei, wollte Gunda wissen, und ob auch Mädchen dabei seien.

„Ne, Deerns hebbt de beiden ni“, berichtete der Kapitän. Da sei ja der Jürgen-Hinnerk gewesen, danach der Detlef und der Friech-Andreas, dann der Klaus-Christian, der ... „Nanu, wo heet he man noch?“ -

Nein, das wußte er nicht mehr, da solle sie den Jörn man lieber selber fragen ...

„Na“, meinte Gunda noch, „denn ward dat nu, so wüllt wi hopen, je woll nu mol´n Deern ...“

Gunda hatte sich, während ihr Mann mit Jörn noch unterwegs war, überlegt, ob der Besuch für die Heimreise nicht besseres Wetter abwarten sollte, und sprach darüber auch zu Käpten Bruhn.

Der aber zeigte zum Himmel und gab zur Antwort: „Dat Unwedder treckt vörbi.“

Und richtig. Der Wind hatte schon auf Südost gedreht. Die Sonne brach durch die Wolken, just in dem Augenblick, als zwei sich rasch nähernde Reiter im Westen sichtbar wurden.

Die beiden Reiter, der Dithmarscher, Bendix Tomöhlen und der Geestbauer aus Hochsteen, Jörn Carstens, sprangen von den schweißnassen Pferden.

Knechte eilten herbei, führten die Warmblüter in den Stall und kamen zum Anspannen mit Lieschen und Moritz wieder heraus.

Ja, Jörn trieb zur Eile. Man hatte sowieso zu viel Zeit des Tages vertan und würde mit dem Bullen am Wagen ohnehin nicht so flott heimwärts kommen.

Gunda flog ins Haus, kam mit dem frisch gefüllten Essenkorb zurück. Den reichte sie den beiden mit herzlichen Abschiedsworten und der Erklärung: „De Zibbeln dor binn sünd ni för jun Maag, dat sünd Tulipanzibbeln[21] för´n Goarn.“

Nun winkte man von Windbargen dem Fuhrwerk hinterher. Der am Achterwagen angebundene gutmütige Bulle, Christian VII, trottete hinterher. Vom Schafbock, der an den Beinen gefesselt im Wagenkasten lag, war hin und wieder ein unwilliges Blöken zu hören.

---

[21] Tulpenzwiebeln

„Dat is je woll dien wiedeste Reis west, wat, Jörn?“ fragte Kapitän Bruhn unvermittelt nach einer langen Zeit des Schweigens.

Das konnte der in sich gekehrte Jörn nur bestätigen. Die letzte Wegstrecke war den Dänen, Lieschen und Moritz, so geläufig, daß sie, war es inzwischen auch stockfinstere Nacht geworden, von ganz allein in den heimatlichen Stall fanden.

Fast genau ein Jahr später, Tulpen blühten im Garten von Lena und Jörn Carstens, da brachte ein Überlandbote eine Geburtsanzeige.

"Bendix Tömöhlen nebst Gattin Gunda, zu Windbargen, geben die Geburt, im February Anno 1746, eines gesunden Erben bekannt. Dieser ist im April desselbigen Jahres auf den Namen „Jörn“ getauft worden."

Fiete Groth in Indien

Dat vörweg: Fiete Groth is mien Naver, un wenn de so in´t Vertelln keem, weern all Lüüd musenstill un hörn nipp to. He hett in sien lang Leven veel beleevt, blots opschrieven dee he nix. Nä, dor keem he ni to. Dor harr he nix mit in Sinn.

„Wenn du opschrieven wullt, datt wat mi vör Johrn op mien Reis na Indien passeert is, kannst dat je doon“, sä he mol to mi: „Vertelln will ick di dat woll.“

Een Tietlang later seten wi bi mi, gemütli bi´n Glas Rootwien, an´t Kaminfüür. Ick harr Bliestift un Papeer praat, - un Fiete vertell ...

„Said keem vörigen Sommer, op´n Kalenner stünn de 29. Mai 1988, - do keem he bi mi üm de Huuseck. Mien Hirtenhund, de je ümmer bannig op mi oppassen dee, harr em üm een Hoor bi sien Büx kregen, so unvermodens weer Said dor. Kunn mien Oppasser graad noch trüchropen un em verkloorn, datt dat´n Fründ is. Aver nu kunn ick mien Hacker bisiet stellen un denn hebbt wi dree uns eerstmol freut.

Fief Minuten later müß ick „ja“ uller „nä“ seggen. - Ick sä: „Ja!“ Ick wull mit na Indien. Un ob ick wull! -

Twintig Minuten dorna, ick weer jüß wedder in Goarn bi mien Arbeit, keem Peter üm de Huuseck. - Nä, dütmol full de Rabuus[1] ni so dull ut. Mien Hund kenn Peter je, un ick harr em ok an Appelboom fastbunnen. Wi setten uns daal to´n Klöönsnack holln. Natüürlich kunn ick mi dat ni verkniepen, ick vertell em dat vun Indien ...

„Tscha Jung“, fragt he, „wat seggt dien Fru denn dorto?“

„Nix“, geev ick em to Antwoort, „se weet dat je noch ni ...“

Annern Dag na Hamborg! - Dor müß ick je hen vunwegen dat Ticket un üm dat Visum. Verdorri, wat´n Jachterie! - De Doktor müß ick ok noch konsulteern. Ick müß je Pilln hebben! För de Sprütten weer´t to laat. - Kufferpacken - harr´k gottloff nix mit to doon. Harr je in de Twischentiet mien allerbeste Fru begöschen kunnt. Packt hett se för mi.

Countdown weer an 2. Juli. Ganz fröh seten Said un ick in Tog na Frankfurt un na-

---

[1] Tumult

meddags Klock dree in Jumbo hooch över de Wulken.

Nu eerst keem ick so richti to mi sülven. Kannst di´n Bild maken, wat dor miteens dörch mien Gedanken susen dee?! Harr´k mi ni so boots ensluten müß, harr ick woll knepen, un dat weer denn to un to schaad west! Heff mi aver wedder berappelt in de negen Stünn in den groten Brummer. Mien Fründ Said weer je ok an mien Siet. As wi över de Alpen weern, wüssen wi, datt düt Deert al dörtig Johr oolt weer ... Man goot, datt se in Rom, wo wi een Stünn to´n Optanken stahn müssen, ni de Schotten opmaakt hebbt. Keen weet, wat mi sünst in Kopp kamen weer ...

Puh, weer dat warm in Delhi! Heel stikkenwarm! Un fuurts is mi do so´n Riemel infulln, datt Döst leger is as Heimweh, un wohrhaftig, dor is wat an. Ick heff düchti Water drunken, as´n Kameel in de Wööst. Schast woll drinken, wenn du sooo sweten deist! - Twee Daag later seet ick, dat heet, ick seet ni, ick hung an twee blanke Griffe, so bummelig twee, dree Stünn vun Dag, goot verdeelt över veeruntwintig Stünn, över dat runne Becken, de indisch „Tante Meier". Mien Tabletten worrn al knapp.

Twischendörch[2] aver harrn wi liekers Said sien Vadder un sien Swester vun Flughaven afhooln kunnt. Se kemen mit de INDIA-AIR vun Kabul. - De Familie harr sick acht Johr ni sehn! Na Europa harrn se keen Visum kregen. Weern je noch Kriegstostänn in Afghanistan. De Mudder harr eerst recht keen Ticket kregen. De müß as Pand in Kabul blieven. - Oh, ick harr´n örndlichen Klütten in Hals, as ick dat Weddersehn segh, dat kannst mi glöven. -

Dat se kemen, weer ok goot för mien „Krankheit". De Vadder harr ni blots sien jüngst Dochter mitbröcht, he harr ok twee Sack mit Manneln, Rosienen un wat weet ick noch allns dorbi. Un - Tabletten! Vun Hoechst ut Kabul! Tscha, so´n „Bombay-Professer" de kennt sick ut. Wi beiden worrn gau Mackers - un ick gesund, so teemlich tominnst.

So üm un bi twee Daag later, do riskeer ick dat, vun „stillen Ort" in uns „Hotel", mehr as twee Kilometer, mit´n Dreerad-Rikscha mit „Been-Motor", versteiht sick, un een jungen Inder as Stüürmann dörch dat Grootstadtgewöhl na´t Centrum transporteert to warrn. Un

---

[2] dazwischen

dat bi Linksverkehr! Gruulich schöön! Un hupen doot se dor, hupen, höllst meist in Kopp ni ut, düssen Larm. Tscha, un stinken deit dat dor un rüken! Dat rüükt un stinkt dor na allns, wat dat in de Welt to snuppern gifft. Un to kieken gifft dat je wat - to kieken ...! Un denn all de Menschen! - Sühso, un dat is dat wunnerbore an de Saak. Alltohoop filtert de sülvige Luft dörch ehr Lungen. Kann mi mol een verteIln, wat man to´n Katalysator op indisch seggt?"

„Nä, Fiete, dat weet ick wiß ni", ünnerbreek ick em un kunn meist´n Lachen ni verkniepen, wiel he so putzig mit sien Ogen rull.

Fiete neem gau´n Sluck, grien, wiel sien Middel anslaan hett, un sä denn:

„So, nu stünn uns „Taxi" liekan vun BRITISH AIRWAY´S un blang dat Rondell. Ick kunn meist nix sehn, müß mi eerst den Sweet ut de Ogen wischen, schoonst[3] ick ni de Rikschapedal pedd harr. Uns Rikschaboy kasseert sien Lohn, de vörher vun Said uthannelt worrn weer. He, Said, harr je uns Geld in Leddergörtel üm Buuk. Vun mi geev dat noch een hartes Fief-Markstück opto. Do lach mi de

---

[3] obgleich, obwohl

Fohrer mit sien düüsterbruunen Ogen an. Sien witten Tähn wiest he dorbi bet na de Ohrn ran. Un denn maakt he´n deepe Verbeugung, as weer ick de Maharadscha vun Eschna-Dingsda. Utstaffeert weer ick dor je ok na, in mien Kaftan un Puschatüffeln un mien Fotoknips üm Hals.

Dree Daag later harr de Professer mien Fief-Markstück. De Rikschaboy harr em dat Geldstück anbaden. He weer bang, datt dat Falschgeld weer, un wull lever Rupies hebben. Vun de fief harten Markstücken harr he tominnst teihn Daag leven kunnt - vun de Rupies wiß blots een. - De Professer harr´n Geschäft maakt. Na, dat blangenbi.

Wi weern je nu an´t Bummeln un Schaufenster bekieken. Ick kann ju vertelln in Indien gifft dat´n Barg to köpen ...! All Nääslang wull mi een wat andreihn. Een vun de veeln Geschäftslüüd an de Straten faat mi an Arm un snatter in een Tour op mi in. As ick mien Mackers, de dree Afghanen, fragen dee, wat mi düsse Snöter-Ganner vun Stratenhändler verhökern wull un wat he so luuthals anpriesen dee, do fungen se all to gniefeln an un verklookfiedeln[4] mi dat. „Fiete, du sollst was von dem, ... von dem „Stoff", von den grünen Blättern etwas kaufen und, und", ... se wulln sick schier utschütten vör Lachen, „und dann fühlst du dich wie ein Löwensohn!"

„Nä, nä", anter ick, „op all Veer will ick ni wedder trüch. Ick bün tofreden, wedder op mien twee Been to stahn!" - Ick stüür nu op een frie Bank in Park to. „Weet ji wat?" sä ick to mien Beschütter: „Laat mi hier man´n beten alleen sitten!"

Sühso, ick seet in Schatten ünner´n Palm, un de dree Afganen sausterten[5] un rappelten[6] to Stadt an. Bün denn dor´n beten indruuselt op de Bank. - Op eenmol tickt mi wat op de Schuller. Ick reet mien Klüsen[7] op. Verdorrija, dor stünn vör mi een teemlich junge, slanke, hellbruune Fru. Keek mi an as´n Reh. Se sä wat to mi, wat ick je ni verstünn. - Dat gifft je ok man blots 130 verschieden Spraken in Indien, heff ick mol leest. - As ick denn nu bet ganz na baben an se hoochkeken harr, worr ick wies, datt se tominnst twintig Pund Bana-

---

[4] erklären

[5] schwatzen

[6] schnell reden

[7] scherzhaft für Augen

nen op´n Kopp droog. Tscha, de Deern keem mi topaß! Gau höll ick dree Fingers hooch. Se plöckt dree Bananen vun Kopp. Ick trock een Rupie in Sülver blank, un dree veerkantige Fief-Paise-Stücken und geev se ehr denn tohoop in ehr slanke, wunnerschööne Hand. Do nehm se mi een Banaan wedder af. Nu stimm ehr Reken - De beiden Bananen harrn mi goot daan, aver de Anblick vun düsse smucke Fruunspersoon, Detlef! -Uihh!"

Dorbi markeert[8] Fiete een ganz Verdröhmten, de sick loosrieten müß, un vertellt wieder:

„Blangen mi op de Bank seet nu´n ool Fru. Do worr ick wedder mööd. Lütt Enn wieder lang sack ick in´t korte Gras - un drusel in. Blangen de ool schrumpelig Fru harr mi dat ni gefulln. In mien weeken Slaap, op den warmen Rasen, harr ick ümmer noch dat Bild vun de bruune, slanke, smucke, glatte un junge Deern vör Ogen. - Man even afseilt, so dücht mi, tickt mi wedder wat an. Dütmol an mien verlängerten Rüch! Ok´n beten wat forscher! Ick schoot in Enn! Do stünn dor´n langen breden Kerl achter mi mit´n langen, dicken

[8] vortäuschen; so tun als ob

Rohrstock in de Hand un´n breden Grientjer üm sien meist evenso brede Nääs. In Uniform! - Ick wull in de Been kaam. Is een je so wennt vun Tohuus. De Wachtmeister drückt mi aver mit sien langen Rohrstock sachte wedder daal un sä: „No slieping, Ssör!" Tippt denn mit sien frie Hand an de runne Mütz ohn Schirm, de em scheef op sien swatten, glatten Hoor hung, un spazeer wieder. - Do heff ick wat tolernt. Sitten dörvst in de „Öffentlichen Anlagen" in Indien, slapen aver ni ... sünst, sünst gifft dat wat mit´n Rohrstock! Dat dünkt mi gor ni mol so verkehrt, wenn ick an uns Nolibröder[9] denk, de överall bi uns de Dag dootslagen doot, uller?

Nu seet ick dor merrnmank in Delhi un sweet so still vör mi hen. Na´n lütten Stoot keem wedder´n Inder na mi ran. Dat weer nu man so´n spiddeligen Kerl. Woll so knappe dörtig Johr oolt un as de meisten Menschen, de ick dor sehn heff, gor ni „vörnehm" in sien Kledaasch[10], üm ni to seggen, „daalkamen". Twee Dinger harr he bi sick. Ünnern Arm een oprullt Siedendook. In de annern Hand harr

---

[9] Trunkenbolde

[10] Kleidung; Klamotten

he´n Taschenbook, so an de veertig mol achteihn Zentimeter. Ok teemlich schietig. - Heel trüchholln un fründlich, keem he na mi ran. „Wulle wu Francee?“ wull he weten. Ick schüttel mit´n Kopp. „Ju spiek inglisch“, purr he na. Müß je wedder mit´n Kopp schütteln. Ingelsch kann ick je ok ni, aver nu keem ick em to Hölp. Ick tick mi vör de Bost un sä: „Germani!“ Do güng de Sünn op in sien hellbruun, fien Gesicht. He bläder in sien Taschenbook un heel mi dat hen. Weetst, wat ick dor leest heff? „Sie können sich gerne diesem Mann anvertrauen. Er hat Wunderhände und ist ein hervorragender Masseur!“

Jungedi, de keem jüß topaß, Detlef! So´n beten scheef keek ick noch mol na sien Hann. Weern se nu blots bruun uller ok´n beten schietig? Puttegaal! Ick sett mi op de Bank trüch un he stell sick achter mi un fung an - mit mien Kopp.

Ick will je üm Himmelswilln ni lang un breet vun mien Krankheiten ...“

„Holl mol stopp, Fiete“, full ick an düsse Stell mien Naver in´t Woort. „Laat uns man eerst mol´n Sluck drinken. - Mien Bliestift mutt ick ok mol anspitzen.“

„Oha“, dacht ick, „nu vertellt he´n vittel Stünn vun sien Krankheiten“. Aver nä, dat güng goot. He sett sien Glas bisiet un fork in´t Füür rüm, datt dor wedder Fohrt op keem, packt noch twee Stücken Eschenholt na, keek mi´n Ogenblick so´n beten halvtrurig an un fung wedder luut to denken an:

„Dorvun wull ick ni lang snacken, kann dor liekers ni ganz üm rüm. Vör lange Johrn bün ick mol mit mien Motorrad koppheister gahn - Schädelbasisbruch. Tscha, un nu mien Bostkassen. De hebbt se mi vör´n poor Johrn uteneen saagt ... de Pump[11] harr slapp maakt. Sodenni hebbt mi al männichveel Lüüd in de Mangel hatt! - Na, du weetst je ...

Wat düssen lütten Inder, ohn Titel un Examen, mit mi tostann bröcht hett ... kann ick ni beschrieven. - Mien Kopp harr he gau torecht! Allns in de Reeg, kloor un frie! Dat harr mi goot daan! - Nu breedt he sien bunt Siedendook ut un bedüüdt mi dorop. Jüß wull ick mi lang maken, kemen mien dree Afghanen anweiht. Se harrn mi woll al söcht. Said, heel in Sorg üm mi, vörut. „Fiete, was läßt du da mit dir machen?!“ reep he al vun wieden. De

---

[11] scherzhaft für Herz

lütt Swester, se weer vör korten achteihn worrn, bleef in „respektvulln Afstand“ stahn. De Professer heel den Kopp scheef, muster uns beiden, mien Massöör un mi, un sä: „Chutt, chutt, chutt! - Good Männ!“

Ick leeg nu wedder lang, un de Inder fung an. Aver Said keem na mi daal, knööp mien Kaftan utenanner un wull em mien lange Narv woll wiesen. Man blots, dat harr ni nödig daan. Harr de Massöör mit sien fienföhligen Hann al lang markt. - So een „fachmännische Massage“ heff ick mien Leefdaag blots eenmol kregen - vun em! Tehr ick noch ümmer vun! - Wat dat kost hett? Ümrekent in D-Mark hett Said ut unsen Buukbinn-Tressor Veermarkunföftig betohlt. Ick harr noch´n loose D-Mark extra. Dorför kreeg ick´n deepe Verbeugung opto.

Annern Dag spazeer ick wedder dörch de grönen Anlagen. Schaad, de Meister bedreev sien Handwark woll annerswo. Ick heff mi düssen Menschen na Düütschland wünscht un heff doröver ok mit de Professer un sien Jung snackt un wüß dat doch ok sülven ... dor weer ni in Droom an to denken.

Nu güng dat na´n anner Kant vun de Stadt. Na de düütsche Botschaft schull dat gahn. Wulln dat nu „schriftlich“ maken, dat mit de Inladung vun Said sien Vadder na Schaalby un na Hamborg. - Mit veer utwussen Lüüd in een vun so´n dreerödrige Knatterkist is dat as Ölsardins in´n Blickbüx. Dorüm keem dat nu so, datt ick in een Petroleum-Rikscha-Taxi alleen to sitten keem. Jungedi, weer de aver fein utstaffeert - bontjebunt malt. Ick harr nu´n Dack över´n Kopp un ründüm Fensterglas. Seet fein in´n Schatten. De Petroleummotor weer vörn ünnern Fohrersitz, un mit´n Keed worr dat Vörrad andreven. Dat harr so´n Aart „Tempo“ utmaakt, as bi uns na´n Krieg geven hett. De beiden Achterrööd lepen blots för de Balance achterna. Un wo dull de lepen! Överhaupt, Delhi is een grotes Automuseum. -

All Inders, de ick beluurt heff, harrn wat Kommodiges an sick, wenn se so rümstünn to klönen, uller ok, wenn se to Foot ünnerwegens weern. Wat aver selten vörkummt. Ümmer suutje! Aver Jungedi, harrn se wat Motoriseertes ünnern Achtertsen, denn weern se alltohoop Rennfohrers! Tominnst as ick dor weer.

Wullt du wo hen, in so´n Grootstadt, weetst rein gor ni, wat du maken schast. Lettst di vun een, de sick man jüß so´n dreerödrige Koor to´n pedden leisten kann, annerswo henkutscheern, deit di düsse Mensch, ob oolt uller jung, leed, wieldat he so sweten mutt. Fohrst du mit de ut de betere Klass, stinkt un tocht dat aasig, överhaupt denn, wenn vörn de Schief twei is! Söchst du di een mit veer Rööd ut, so´n, wo Charly Chaplin al in sien Stummfilms mit dörch de Straten as unklook raast is, denn büst du fein rut. Markst dat aver in dien Knipptasch[12]. Wullt du aver mit´n Nobeltaxi fohrn un „Old Henry" markeern, sünd de annern di ni goot noog, tschaaa denn, denn muttst du örndlich wat in de Melk to krömen hebben! - Mercedesse heff ick in Delhi blots söven Stück tellt.

Du kannst di aver ok noch mit Peerd un Wagen dörch dat Gewöhl kutscheern laten. Hest du aver rein tofällig mol sehn, datt so´n möörn un magern Schinner vör sien Last tohopenbroken un krepeert is, denn sünd woll Schosters Rappen ok di lever, wat? Ick heff dat dor beleevt, un dat weer würklich grusig antosehn. Vun Tierschutz kennt se dor nix, glööv ick.

---

12 Geldbörse

Wenn di dor mol avends, wenn dat al düüster ward, so´n hogen Wagen mit massive holten Tellerrööd bemött un op den Wagen lange iesern T-Dregers sünd un baben op düsse Dregers een Mensch mit´n nachtswatten Röverboard sitt, nix anners anhett as so´n Schlund vun Ümhang un op´n Kopp een Turbaan un in een Hand´n lange Pietsch höllt, denn is dat keen Spöök[13]! Nä, nä! Sühst je noch in´t schummerige Licht in de enge Straat, datt he ok noch´n Leit[14] in de annere Hand hett un mit de Pietsch de beiden Ossen andrieven deit. Nä, denn dröömst du ni. Du kiekst ok keen Film „Caesar un Cleo" uller so. Nä, denn büst du wohrhaftig in Indien - in New Delhi! Ni in´t Touristenvittel, versteiht sick, dor is ni so´n Gewöhl vun Menschen und Tiern ..."

„Du, Fiete, tööf mol even", müß ick em wedder in´t Woort falln.. „Ick jump mol gau na baben un hool mi mol´n Schachtel mit anspitzte Bliestifte." -

---

13 Spuk; Geistergestalt

14 Zügel

As ick wedder trüch keem, fehl dor´n Handbreed ut de Wienbuddel. Mien Glas harr Fiete aver ok wedder naschenkt.

„Kann wedder loosgahn, Fiete“, sä ick un, he berabbel sick:

„Jo, nu aver de Reeg na. Wi sünd op de Reis na´t Diplomatenvittel.- Dor is je nu allns wietlöftig un schier un smuck buut“, besunn he sick. „Nix tohopenklatscht! Oh nä, keen Hoochhüüs! Jede, meist tweestöckige Villa hett´n Barg Gröööns üm sick rüm. Keen Grootstadtgewimmel. Dor gifft dat överhaupt keen Footgängers mehr! Dor weiht op elkeen Gebüüd een anner Fahn. De düütsche Fahn weiht to linker Hand op´n Huus, wat solid un gor ni dickdoonsch[15] buut is. Rundüm Muurn un Gitter! Ok blangenan bi de Afrikaners, Amerikaners un all de annern. - Privaat is dor nix mehr. - Taxifohrers brukt dorför, datt se in düsse Eck vun de Stadt fohrn dörvt, een „Sonderlizenz“. Aver mien Fohrer keem, ohn düsse Lizenz to wiesen, dörch de Kontrollen. Tscha, he harr je mi, een „Witten“ as Fohrgast! Na ja, ick weer do al bannig root in´t Gesicht, harr dorför aver je griese Hoor. Ick steek ok

[15] überheblich

ümmer mien Kopp rut bi de Checkpoints, un so segh ick, datt an de Stratensperren Uniformeerte mit Maschienengewehrn achter Sandsäck seten un legen. - Wi kemen in een Suus na de Botschaft. Worr ok Tiet! Dat kneept al wedder in mien Darms! So´n Schiet aver ok!! - Ick fraag mien Schafföör, he weer´n ganz fründlichen Mann, dat sünd woll würklich de allermeisten Inders, ick frag em, as wi uns swattrootgollne Fahn neger kemen, op franzöösch: „Toilett?“

He trock de Schullern hooch, höllt sien Hand op un geev mi op ingelsch un franzöösch togliek to Antwoort: „No Toilett.“

Jungedi, hett de gau sien Rupies kregen! Seker mehr as em tostünn ... Eendoont, besinn kunn ick mi ni mehr lang! Rut - ünner´n Akazie, uller wat dat weer, un so föfteihn Meter vun Ingang to de Botschaft na de rechte Siet an´t Iesengitter, dor kreeg ick Luft! Dor weiht ok so´n deftige warme Bries. De Fahn knatter in Wind, un Gras wuss dor ok! Sühso, nu weetst du ok, woneem Fiete Groth den Rasen, vör de düütsche Botschaft in Delhi, Dünger geven hett!“

Fiete betoont dat so as´n trutzig Blarrgöör[16], un ick kunn mi ni helpen, ick klopp op mien Knee. He lach denn ok vun Harten mit - sien Pien leeg je wat trüch. As wi wedder to Puust kemen un de Lachtranen afwischt harrn, vertellt he wieder:

„Nu keem ok dat Taxi vun de annern vörfohrt. Paßkontroll! - Vörwiesen un wiß ankieken, dat reckt bi mi. Bi mien dree Frünn, de Afghanen, worr dat´n beten wat scharper kontrolleert. De Kontrollööre in de Botschaft sünd alltohoop nette un tovörkamende Menschen west! De een Beamten aver kunn sick dat denn doch ni verkniepen, mi so beweglangs to vertelln, datt wi bi em egentlich op´n ganz verkehrten Damper weern. Tominnst mit uns persöönliche Persoon. Jaaa, wenn wi in Noot weern, denn weer dat wat anners. He meen, wenn uns jichtenseen utplünnert harr un so ... Se weern denn aver gor ni so, un ick kunn mien Inladung för Vadder un Swester schriftlich maken. So´n Andrag för´n Besöök vun den ... bet na den ... heff ick utfüllt un ünnerschreven. Dor keem noch´n Semp vun de Botschaft to, Stempel ünner, un

[16] Kleinkind

dormit harr´n wi´n ganzen Hupen Tiet op den langen Behördenweg inspoort.

Achteran sünd wi denn´n beten in´t Diplomaten- un Regeerungsvittel rümkutscheert worrn, un ick heff mi allns ansehn. In Vörbifohrn versteiht sick. Gau worr dat Gewimmel op de Straten wedder dichter.

An Avend sünd Said un ick denn in uns Stadtvittel to Foot dörch de Straten spazeert. Af un an bemött uns mol´n Elefant, blots op de breden Straten natüürlich. De weern meist ümmer vullpackt mit allerhand Kraam un tomeist mit Bambus. So´n richti smuck dekoreerten Elefanten, mit so´n Kanzel op´n Rüch un mit´n echten Maharatscha baben op, heff ick in Indien leider ni to Gesicht kregen."

Denn heel Fiete´n lütte Gedankenpaus, krööp denn richti so´n beten in sick tosamen un schüttel sick miteens.

„Fiete, wat is di över de Lever suust?" frag ick em. „An wat hest du even dacht?"

He schüttel sick noch mol, nehm´n Sluck, kaut de Rootwien daal, maak noch mol „brrr", bevör he wieder vertell:

„Bi een vun uns Spazeergäng kemen wi an een Doorbagen. Op de linke Siet stünn op´n lütt Gestell, as´n lütten Hocker, een grote bukschẹ[17] Kruuk. Dor weer´n Deckel op. In düssen Deckel weer´n smallen Slitz. Op de annere Siet seet, de Been ünnern Lief verkrüüzt, een Mann. Ok dünn antrocken, so as ick. De Arms harr he överkrüüz vör sien Bost leggt, un in de een Hand heel he een Querflööt. Blangen em stünn ok´n buksche Kruuk. - Nä stopp, dat weer Korf ut Binsen tohoopflecht, - glööv ick. Ick weer je neeschierig un bleef stahn. Do kreeg de Inder sien Querflööt her un fung an dor op to spelen. Anfangs deepe Töön, denn mengeleert mit högere. Un ok de Rhythmus worr gauer. Harr ick toeerst blots op den Speler keken, smeet ick nu´n Blick op den Korf. Un op´n Mol, as henzaubert, stünn, nä, sweev dor´n Slangenkopp över´n Rand. Un denn noch een, - un noch een. - De bruunsprenkelten Tiern, ni mehr as fingerdick, wunnen un rengeln sick ümmer höger ut ehrn Korfquarteer un dreihn de Köpp in Takt vun de Musik. De lütten Ogen blinkern verwunnert un neeschierig in de Vörmeddagsünn. - Sowat harr ick in mien Leven noch ni sehn un güng dichter an de Korf ran. Said, mien Beschützer,

[17] bauchig

reet mi an de Schuller torüch. De Inder heel batz op to flöten, de Slangen sacken in ehrn Korf torüch, un de Slangenbeswörer stülp dor´n Deckel op. - Oha, wat meenst, wenn mi so´n Deert in de Nääs beten harr ... ni uttodenken! Ick kunn mi noch schütteln, brrr!

In een vun de engen Straten bün ick boots stahn bleven. Weetst worüm? - Üm de Swien! Un wat för fette! Legen dor in Schatten un ruhn sick ut. Un Apen gifft dat in Delhi ok. Een ganzen Dutt. Ni vun de groten Gorillas, nä, so lütte, flinke, freche. Mitünner´n ganzen Küppel op eenmol. „Rhesus-Äffchen" heet de, glööv ick. De sünd dor al to´n Stadtplaag worrn. De Behörden wüllt se geern ut de Stadt hebben, hett mi Said vertellt. Dat ward aver nix, wieldat se vun de Lüüd in de Büros, sogor ut de open Fenster vun de Primierminister fodert ward. Vun düt Slag Apen schüllt nu al so bummelig fief- bet sößdusend in de Hauptstadt rümhopsen. -

Allerwegens weer´n Pump. Dor güng hen un wedder mol een Mensch ran, pumpt sick Water in de Hand uller bückt sick ganz deep daal un pumpt sick direktemank wat in Mund, wenn he Döst harr. So kregen de plietschen

Swien ok wat af. - Vun düsse Handpumpen gifft dat in´t Händler- un Handwarkervittel veel vun. För Mensch un Tier. - Zegen heff ick in de smalln Gassen ok männichmol sehn. Meistendeels weern se hellbruun mit Witt sprenkelt. Un ümmer weern se in lütte Rudeln tohopen. Uller weern dat Familien?

De Köh trocken blots enkelt dörch de Straten. Gaaanz laaangsaaam natüürlich. Tiern hebbt je Tiet ... wenn se vun Menschen ni dreven ward.

De witten Köh buttjern[18] je meisttiets an de Kant, an Rünnsteen langs, denn bi de veelen Obststänn funn se wat to freten. Eenmol heff ick so´n grote, ool schedderige, witte un magere, *heilige* Koh op´n Kieker hatt. De klau sick dor so´n Aart Wirsing vun´n tweerödrige Koor, de een Hannelsmann lang de Straat schoof. De Händler hett dat Tier blots utschempt, - slagen hett he se ni. - All Köh vun Indien hebbt ümmer un överall „Vörtritt"!

Düssen Avend harrn Said un ick Nanda kennlernt. Ok sien Familie. Dree, veer Kinner seten vör ehr Huusdöör un speeln een Brettspill. Wodenni dat heet, heff ick ni genau be-

---

[18] herumtreiben

holln. Bachara, glööv ick, heet dat. Ward dor an de Kant veel speelt. Vun de Groten ok.- Mien Frömdenföhrer, Said, bleef stahn, un dat duurt ni lang, do speel he mit. Een beten later weer de ganze Familie na buten kamen - un denn sünd wi rinnödigt worrn. To´n Tee drinken. Tee is je för all un allns goot. Dorto geev dat Gebäck, Manneln, Kandis un so´n Lekkertüg. Said un de Familie harrn sick düchti wat to verteIln. Ok düsse Menschen keken ümmerto na mien Ogen un wulln denn, op ingelsch weten, woneem ick to Huus bün. Un ob de Lüüd in Germany all so sünnerbore griese Ogen hebbt, wulln se weten.

Ick seet bi düsse Klöönstünn wedder mol dösig blangenbi un heff to´n dusendsten Mol in mien Leven beduurt, datt ick man blots enigermaten Düütsch snacken un schrieven kann. Man hett je in´t Leven doch man de wenigste Tiet een Dolmetscher to Hand.

Harr ick mi as junge Mensch doch blots eenmol irnsthaft Möög geven, tominnst Englisch to lern. Nu in´t Öller is mi dat ok keen Troost mehr, wenn ick mi segg: „Dien Öllernhuus un de School harrn dor je man vör sorgen kunnt!“ Ick will dorto blots noch seggen:

„Ick bün in een Tiet na School gahn (1929 - 1938), in de je bi uns de düütsche Spraak as „Weltsprache No 1“ propageert worr“.

Fiete un ick sünd de sülvige Johrgang. Kann mi also goot in em rindenken. Dorüm harr ick wedder mol op mien Johrgang mit em anstött, un nakloor, ok nastökert: „Vertell noch´n beten vun düssen Nanda.“ Ick nehm´n annern Bliestift to Hand, un Fiete vertell wieder:

„In Nanda sien Wohnstuuv geef dat man een Bild an de Wand. Dat vun Gandhi. As ick dor mit´n Finger op wiesen dee, stünn Nanda op, maak´n poor mol´n deepe Verbeugung un sä wat op ingelsch. Said, de hett mi dat översett: „Mahatma, - die große Seele.“

Annern Dag keem Nanda sien lütt Dochter mit ehrn beten jüngeren Broder na uns „Hotel“. Se bröchen een groten Kruuk afkaakt Water. För mi, datt ick mien Darms wedder in de Reeg kreeg. Uns schietigen Handdöker un de Wäsch schulln se denn op´n Trüchweg mitbringen. - Kreeg allns den sülvigen Dag noch wuschen un plett torüch. Dor heff ick mi bannig to freut, in mien maroden Tostand!

Wenn ick egaalweg vun uns „Hotel“ snack, dörvst dat ni mit Europa verglieken. Dat Hotel harr to´n Bispill keen Restaurant. Wullt du wat hebben in so´n Slaapkasern, brukst blots na´n Boy klingeln. Op elkeen Etaasch stünn blangen de Trepp een Disch un´n Stohl för den Etaaschenboy. Drückt nu een vun sien Reveer op´n Knoop, flitzt he loos. Op´n Stutz, - wenn he ni jüß annerwegens is uller slöppt.

Dat weern würklich nette junge Kerls. Se harrn to jedeen Tiet een fründlich Lachen un hebbt ümmer „Ssör“ to mi seggt. - Eenmol, dat güng al op´n Enn vun mien Indienreis to, do weer ick in de Tiet verbiestert. Harr nachts Klock twee klingelt. Ick harr Hunger. „No Bananas“, beduur de Boy un trock mit de Schullern. Richti trurig segh he ut. - De letzten veer Daag heff ick mi blots noch vun Twieback un Bananen ernährt, wull nu keen Risiko mehr ingahn. To Nachttieden aver gifft dat ok in dat geschäftige Delhi nix mehr to köpen.

Ick mutt noch´n beten düütlicher vun uns Hotelstuuv vertelln. Dat weern twee Rüüm. Vör jede Dööör bummel een groot Vörhängeslott. Wenn man binn weer, so worr dat mit rinnamen. Denn sloot jeder vun binnen to. De Ruum weer, vun de Döör ut sehn, dree Meter deep un veer Meter breet. Een Fenster geef dat ni. Baben, to rechter Hand weer een veerkantig Lock na buten, dor weer aver´n groten Ventilator inbuut un Trallen vör. Ünner de Deck geev dat ok noch´n Dweerl[19], de dreih sick je horizontaal. Wenn man em anstellen dee, sodenni seet man ümmer, bi veel Gesuus un Gebrumm, in Togluft. De Wänn un de Deek weern witt-geel anpinselt. Total kahl. Said un ick harrn je´n „Duppelzimmer"! Twee smalle Betten weern dor binn. Rechts an de Wand, ünner´n Wandventilator, dat weer mien Koje. Denn keem´n smallen Gang, neem an Koppenn so´n Aart Nachdisch stünn. För twee Personen. Denn keem wieder links dat tweete Bett. Links an de Wand stünn´n Spindschapp. Ut Blick. De Betten weern mit Seegrasmatratzen utstaffeert. Ok dat lütte Koppkiel. Beides weer mit sneewitte Linnlakens övertrocken. Üm sick totodecken, weer dor noch een Laken extra. Wenn een sick mit dat Laken todecken dee, weer dat to warm. Smeet man dat bisiet, leeg man wedder in Tog.

---

19 Quirl

De Bettwäsch worr jedeen Dag wesselt! To linker Hand weer een Dörchgang mit´n Vörhang vör. Dor weer´n Duschruum. Ganz rechts dat „HOLL-DI-IN-DE-HUUK-FAST“-Klo. Blangenbi een Waterhahn un´n Emmer dorünner. Dat weer heel praktisch! Keen kann ok ümmer so genau dat zirka teihn Zentimeter grote Lock drapen. Denn harrn wi ok noch´n Waschbecken un een Spegel. Handdöker geev dat ni. De müß man sülven hebben.

Nu mutt ick noch vun den Sünndag vertelln, as Nanda uns de gröttsten Sehenswürdigkeiten vun Delhi wiest hett. Dorto mutt ick aver´n beten wieder uthooln.

Nanda harr´n Motorroller. He verdeen je goot as Injenöör in een grote Autowerkstatt. Sien Spezialutbillung harr he in Japan kregen. Bi Toyota! Dat Huus, wo he mit sien Grootfamilie in wohnt, weer sien Egendoom. He tell to de gootsitueerten Lüüd in dütt Stadtvittel. Mit sien Motorroller sünd wi dree verdwarß un verdweer*[20] dörch Delhi jachtert. Ick keem denn in de Mitt! To Sekerheit! Nanda is mit uns vun een Moschee na de anner suust.

---

[20] kreuz und quer

Nä ok, wat´n Prunk, wat´n Pracht, wat veel Marmor un Gold! Is to wietlöftig, dat all to beschrieven, wat ick sehn heff. Is eenfach toveel! Liekers, vun een vun düsse staatschen Hüüs mutt ick´n beten neger vertelln. Dat Gebüüd stünn noch gor ni so veel Johrn. Weer´n Sektentempel, heel un deel ut hellichten Alabaster. De Vörplatz, nakloor, ok allns Marmor. Ick heff mi meist mien Fööt verbrennt op den hitten Marmelsteen[21]. Mien Puschatüffeln, un wat de annern Besöker an de Fööt harrn, müssen wi je an de Poort afgeven.

Heff ick dat al vertellt, datt ick dreevittel vun de Tiet de ick in Indien weer, Puschen an harr? - Jawoll, de sülvigen, de ick nu bi´t Vertelln ok an heff.

Wiel dat je so´n aasige Hitten weer, harr ick mi, bevör dat in düsse Moschee rin güng, een lütten Busch afbraken. To´n windfucheln! Den wull mi een vun de Preesters weggrapschen. Do heff ick mi op de Töhn stellt, mien klitschnatten sieden Kaftan torecht trocken, mol mit mien „Fächer" hen un her weiht, em mit mien griesblauen Ogen heel wiß angluupscht - un - bün an em stracks vörbigahn!

---

21 Marmor

Ick glööv, he hett dacht, datt ick´n Heiligen vun een annern Globus weer. Wokeen weet, wat in den Sektendeener sien Bregen vörgahn is.

So bilütten kemen wi vöran in de lange, lange Pilgerslang. Nanda, de Hindu, an de Spitz! Denn keem de Moslem Said un as drütte, ick, de evangelische Christ. Schritt vör Schritt güng´t op dat Allerheiligste to. Endlich weern wi binn. - Gottsverdorri, wat´n Pomp[22] ok! Wat ick dor to sehn kreeg, dorvun bleef mi de Luft weg. Maakt mi schier blind. Dat veele Gold ... Ja, ja, echt Gold! Keen Messing, ok keen Goldbronze, nä, nä, allns würklich un wohrhaftig nix as puur Gold un luder Marmor! - Dor seet he nu, de Sektengott! Ohgottogott, wat een dicken, fetten Mensch, de Heilige! In Sniedersitz seet he dor op weeke Teppiche, inkreist vun glootogig, witte Gestalten. Een na´n annern fulln de Pilgers, de Gläubigen, vör em in de Knee un küssen em de nakelten Fööt uller wat se sünst vun den Fettwanst haschen kunnen.

Gegen mollige Menschen heff ick je nix, ok ni gegen Dicke, dor kannst op af! Kinners

---

[22] Pracht

nä, aver wat dor in all de tohoopbeddelt un tohoopgaunerte Pracht sick langwielen dee, dor weer ick platt, dor heff ick meist dat Spiegen vör kregen. Said un Nanda, de weern hen un weg bi ehr Götzenverehrung, aver in mi revolteer allns. Ick bün´n lütten Momang vör em stahnbleven. Dat full em op. He kreeg sien dicken Bullerkopp in de Nack un stier mi an. Een vun de Tempelpreesters stött mi in Rüch. Ick schull woll op de Knee daal. Do heff ick mi suutje ümdreiht, mi wedder, tominnst fief Sekunden, op mien barfööten Töhn stellt, heff den Muschiblitz scharp ankeken, heff mi mit mien Busch Wind toweiht - un bün denn ganz sinnig na buten gahn. Vörbi an de grote Geldurne, woneem de armen Inders, un ok mien beiden Frünn ehr Rupies, ehr Geldschiens, rinsmieten deen. Achter mi zisch een vun de Tempelwächter: „Chulo ji, chulo ji!“ wat so veel heet as: "Geh weg". Naja, ick weer je al ünnerwegens.

Ni mol´n roden Farvplaggen heff ick in düsse Moschee twischen de Ogen kregen. Ni mol so´n Segensteken! Vun een Blomengirlann, as in de Moschee mit de veelen Hakenkrüzen, de mi dor üm Hals bummelt worr, ganz to swiegen. Bi den Dicken bün ick woll to opsternaatsch[23] west!

As wi uns Foottüg wedder harrn un ünner „Argusogen“ den Vörplatz verlaten harrn un op de Straat weern, wisch Said sick den Sweet af un puust mi to: „Gott sei Dank, daß du wieder draußen bist, Fiete!“ He harr Angst üm mi hatt.

Vör´n Tietlang bün ick bi uns in de Stadt in´n Stadtweg dree vun düsse „Heilsbringer“, düsse „indischen Rottenfangers“ bemött. Wohrschoot ju Kinner un nehmt ju sülven ok in acht vör so´n Menschen ...“, sä Fiete un heel sien Wiesfinger[24] piel in de Luft.

Laat mi an düsse Stell mol dat inflicken, wat in uns Blatt vun 10.11.1989 op de Siet „Vermischtes“, wat ünner de Överschrift: „AUCH DAS NOCH“ stünn, to lesen weer:

Der greise indische Guru und Sektenführer Shree Rajneesh Baghwan will offenbar die Zeit des Umbruchs in der DDR für sich nutzen. Eine entvölkerte DDR könne Heimat für eine internationale Kommune seiner Anhänger werden, meinte er jetzt. Er und seine Jünger

---

23 aufsässig
24 Zeigefinger

könnten gar ein Paradies aus der DDR machen, um das sie alle Länder, einschließlich der USA und der Bundesrepublik, beneiden würden. In der Erklärung des Mystikers heißt es: „Alle verlassen das Land, und wenn die derzeitige Situation anhält, wird es bald völlig leer sein. Doch meine Sannyasins (Jünger) können das Vakuum füllen." Nehmt ju in acht vör düsse Heilsbringer un ehr Jüngers, de sülven je ok blots Hörige sünd!

Na den Besöök vun Fiete bi den Dicken is he mit sien beiden Frünn na Lal Kot henknattert. Lal Kot liggt je in Süüden vun New Delhi. In de Reiseföhrer INDIEN, 13. (neubearbeitete) Auflage 1985/86 im Polyglott-Verlag, Dr. Bolte KG, München, ISBN 3-493-60769-5 steiht över düsse Steed, Siet 26 - 27:

Im Hof der Qutb-ul-Islam-Moschee steht eine nichtrostende Eisensäule aus der Gupta-Zeit (5.Jh.). Die Einheimischen glauben, daß, wer diese Säule rückwärts so umfassen könne, daß die Fingerspitzen aufeinanderträfen, besonders Glück hätte.

Ok dat heff ick dortoschreven, wiel ick denk, datt dat Vertelln vun Fiete denn noch dütlicher ward. Un he snackt wieder ...

„Wi dree hebbt uns hier över twee Stünns opholln. Twee Daag weern beter west. - Wat mi vun düssen Placken, so lang ick leven do, vör Ogen blifft, is de hoge Iesensüül. Aver ni blots so de Süül, nä, de lütt Hindu-Inder Nanda „vör" de Süül, un wat he sä, as he mit´n Rüch dorgegen stünn un wo he mit letzte Kraft de in em weer, sien Finger tohopen kreeg."

„Tscha, ok düt kann ick ni utlaten, wiel dat dorto höört", fung Fiete na een lütt Paus wedder to vertelln an:

„Ick mutt di vertelln, datt Nanda sien Fru mit´n Kind güng. Ja, se weer hoochschwanger. Denn mutt een weten, datt in all Länner op de Eer, woneem de „Lebensstandard" man wat bescheiden is, de Öllern, de „Zeuger un Ernährer" sick lever Jungs as Deerns wünschen doot. För de Deerns schall later, wenn se Hochtiet maakt, ok´n Utstüür, een Mitgift dorwesen. Un de tohoop tosporen fallt alltoveel Menschen, op de Eer, bannig swoor. Mit Leef to ehr Kinner hett so´n Wunsch seker nix to doon. - In Indien to´n Bispill, neem dat keen soziales Nett gifft, mutt´n Mudder verflixt lang knütten un een Vadder lang hecheln un strampeln, bet dat se ehr Kinner groot hebbt."

In düt lütt „Vertelln" wüllt wi uns nu lever ni neger mit Arm un Riek in Indien un annerwegens op de Welt uteneenklamüüstern. Dorvun is je ok al veel schreven un snackt worrn. Dat meen Fiete denn ok un sä:

„Torüch na de hoge Metallsüül: Dor stünn he nu, uns Nanda, un maracht[25] sick af. Mit´n Rüch gegen de Süül preßt un stemmt. De Adern an Hals un Kopp wulln meist platzen. De Sweet stört man so an sien Lief daal. Lüüd bleven stahn. Dat wimmel dor je vun Menschen. Nu weern dat man noch dree Millimeter, denn harr Nanda de Fingerspitzen tohoop. Un nu blots noch twee - un denn - do schreeg he luuthals op! Un Said un ick schregen mit! All de Tokiekers üm uns rüm weern jüß so as wi, rein ut de Tüüt, un klatschen in ehr Hann! - „So Fiete", sä Said to mi. „Nun will ich Nanda fragen, was er sich gewünscht hat. „Wat schall he sick woll wünschen", dacht ick so bi mi. „Een stramm Jung natüürlich!" - Noch ganz ut de Puust geev Nanda to Antwoort: „To Germany!" - He wull uns besöken.

---

25 schwer arbeiten

Wenn ni düssen, denn tokamen Wiehnachen, wenn he dat Reisgeld tohopenspoort harr. - Ick freu mi al op em!

Nu mutt dat heten: Ick tööf ümmer noch op em.

In een vun de rieken Moscheen in de wi west sünd, weern rundüm in de mächtige Haupthalle so wat as een Aart Tapetenbort baben ünner de Deck langs. Na kloor, in Marmor! Luder Hakenkrüzen! Jüß sodenni, as bi uns een Reeg vun Johrn fürchterlich veel to sehn weern. De in Delhi aver sünd tominnst dusend Johr öller as de, de wi in uns „dusendjähriges Riek“ harrn.

De Königin ünner all Moscheen is je woll de in Agra. Tadsch Mahal. Weltberühmt! Dor sünd wi mit´n Autobus henreist. - Hest al mol in Indien een Busreis mitmaakt? Dat is´n Tortur! Kann een knapp verkloorn. To´n eersten is dat je hitt, un denn, is meist ni to glöven, de heel Fohrt över - non stop - Fernsehen mit veel Danz un förchterlich lude Musik. Höllst in Kopp ni ut. Warrst bregenklöterig vun! Pinkelpaus geev dat ni. Brukst ok ni, dat kannst allns utsweten.

As wi so knappe twee Stünn ünnerwegens weern, müß uns Autobus anholln. An een Krüüzweg. Vör uns trock een Ossenkoor-Karawaan röver. Dütmol gummibereift. Tweeunföftig Stück heff ick tellt. De weern all baben vull mit Zuckerrohr opladen. Dor weer woll enerworrns een Raffinerie. Na, dat hett villicht lang duurt, bet de all vörbitrottelt weern.

Bi´n groten Bazar weer denn Endstatschoon. Dor sünd wi dörchslüüst worrn. Veel bunte Saken un schöön Kunsthandwark geev dat dor to sehn un to köpen. - Wat mi noch goot in Erinnerung bleven is vun de Bushaltestell, sünd de jungen Steenhauer.

Dat sövengröttste Land op de Eer hett je sövenhunnert Millionen Inwohners, un vun de, de´n Handwark bedrievt, kummt dat Mosaik-Handwark glieks an tweete Stell. Villicht kannst di nu vörstelln, wat ick dor wunnerbores to sehn kreeg.

In een lange, schattige Laube weern an veer Arbeitsstellen junge Menschen, Schöler, ünner Opsicht vun ehrn Meister, irnsthaftig un flietig dorbi, mit deftige Hamers un fiene Meißeln na Schablonen runne un achtkantige Marmordische mit Ornamente uller ok as´n

Schachbrett, uttomeißeln. Annere Jungs uller Jungkerls klütern lütte Insatzstücken torecht. Kunsthandwark vun - Kinner. Aver „früh übt sich ...“

Blangenan in Schatten vun´n brede Palm seten veer Mannslüüd mit veer annersfarvige Turbaans bi dat berühmte Brettspill. De harrn keen Blasen un Blootquesen an de Finger. Ick stell mi dorto. Un nu passeer, wat mi in de veerteihn Daag blots eenmol passeert is. In´t reinste Hoochdüütsch fragt de mit den roden Turbaan: „Kommen Sie aus Deutschland?“ Jungedi, weer ick verdattert! - He hett mi denn vertellt, datt he noch ni eenmol in Düütschland weer, aver geern mol hen wull. Ick heff em ni inladt. Hett he ok woll ni op töövt. Sien Düütsch harr he an een Goethe-Institut lernt. He freu sick bannig, datt he sien Weten bi mi an Mann bringen kunn. - Wi sünd in een Tour fotoknipst worrn. Ja, un to´n Tee drinken worr ick nödigt.

De Goethe-Institut-Inder, sien Naam heff ick vergeten, hett mi denn so´n lütten Vördrag holln. He harr je sehn, datt ick de jungen Lüüd´n Tietlang bi de Arbeit tokeken harr. Bi uns Tohuus sünd je fröher veel mehr

Kunstwerke ut Holt herstellt worrn. Dorbi denk ick an de Schnittker Gudewert un Brüggemann to´n Bispill. In Indien aver heff ick keen Kunstwark ut Holt sehn. Dor is woll allns vör de Ewigkeit. Ut Marmor un Steen.“ -

„Marmelsteen giff´t in Düütschland je ok ni. Uller doch?“ frag Fiete mi. Ick harr ok ni glieks een Antwoort praat. Dorför müß ick mi aver mehr Schriefpapeer vun baben hooln. „Vetell noch wat över den Goethe-Inder“, holp ick Fiete wedder togang.

„Tscha“, sä he. „De Kerl meen: „Vielleicht ist unter diesen Jungen ein Acharya, der später mal berühmte Götterfiguren in Marmor meißelt und damit unsterblich wird.“ Un denn hett he uns noch veel över Tadsch Mahal vertellt.

Schaad, datt man uns ni mehr Tiet laten hett totohörn. Aver wi wulln je nu ok sülven allns bewunnern.

„Tööf“, sä Fiete un puult ut sien Büxentasch een olen Zeitungsartikel. „Dat mutt ick di vörlesen, Detlef, dat hett mi beindruckt.“ Denn lees he vör:

„In de „Scheswiger Nachrichten“ vun den 13.08.1991 stünn ünner de Överschrift

„Unsere Sprache boomt“ to lesen:

Regelrechter Ansturm in den Goethe-Instituten. Bonn (dpa). Die Einigung Deutschlands hat weltweit das Interesse an der deutschen Sprache steigen lassen. Fachleute wie der Präsident des Goethe-Instituts, Hans Heigert, und der Chef des Auslandssenders „Deutsche Welle“, Dieter Weirich, sprechen von einem wahren „Deutsch-Boom“.

Sprachwissenschaftler geben allerdings dem deutschen Idiom keine Chance, in den Rang des Englischen oder Französischen vorzustoßen. „Deutsch wird eine - wenn auch wichtige - Regionalsprache bleiben“, sagte der Linguistik-Professor Karlfried Knapp von der Universität Düsseldorf. Immerhin sprechen oder verstehen im „europäischen Haus“ 120 bis 140 Millionen Menschen deutsch.

Das von Bonn finanzierte Goethe-Institut, das in 73 Ländern der Erde rund 160 Zweigstellen unterhält, erlebt nach den Worten seines Präsidenten zur Zeit einen regelrechten Ansturm auf Sprachkurse und kulturelle Veranstaltungen - vor allem in der Sowjetunion und im übrigen Osteuropa.

Bisher lernten weltweit rund 18 bis 20

Millionen Menschen in den Schulen Deutsch als Fremdsprache, davon zwei Drittel in Osteuropa.

Weirich und andere vermissen jedoch ein Konzept der Regierung, das wachsende Interesse an Deutschland, seiner Wirtschaftskraft und Kultur zu nutzen."

Nu drunk Fiete sien Glas op eenmol leer. Sien Tung weer woll ganz dröög worrn, un mien Gedanken güngen op Reisen.

Wenn in´n Reiseföhrer steiht: „Kein Besucher Indiens kann sich dieser Gegensätzlichkeit entziehen", mutt ick den, de dat schreven hett woll ok recht geven. Wenn een doran denkt, datt Indien een hoochentwickelte Industrie hett, - wovun Fiete nix sehn hett, un wenn se ok de Atombomb hebbt, sühso, denn begriep ick de Welt ni mehr, bi all de Armoot de dat dor gifft. - Ganz in Gedanken speelt Fiete mit´n schnitzte Figur, de em al länger in´t Oog fulln weer un fung denn wedder to vertelln an:

„Dat Handwark, wat wi in uns Dörper op´n Lann ni mehr hebbt, heff ick in Delhi versammelt in een Straat andropen. Heff se, so as fröher bi uns, op de Finger keken. Ja, in de

Straten vun New Delhi, wo ick dörchslennert bün, dor leevt dat Handwark as bi uns vör föftig un vör hunnert Johrn. - Dor is de würkliche „Gewerbefreiheit“. Wokeen meent, he kann Stöhl maken, de geiht na sien Behörde un meldt sien Handwark an. Hett he denn sien Stüür betohlt, sodenni is he´n Stohlmaker un hett sien Utkamen, een Existenz. Denn buut he Stöhl! Nix as Stöhl! Dor ward keen Gesellen- uller Meisterbreef to brukt. De Hauptsaak is, de Stöhl sünd goot, un he ward se loos.

Een anner versteiht mit ´n Neihmaschien ümtogahn. Denn geiht he na´n Fachhannel, de mit Neihmaschiens hannelt, mit nix as mit Neihmaschiens. Un dor köfft he sick so´n Maschien, de mit de Hand to dreihn is, versteiht sick. Nu hett he blots noch so´n lütt Kabeuschen[26] nödig, vun twee mol twee Meter twüschen twee Hüüs. Uller een wat´n halve Stuuv is un natüürlich in een vun de Straten neem dat Leven pulseern deit. Dor kann he loosneihn. Sick denn mehr slecht as recht ernährn. Wenn he düchtig un flietig is!

De Handwarker, de ick op de Finger keken heff in Delhi, verstünnen all ehr Hand-

[26] kleiner Verschlag

wark. Un bi de Stratenhändler weer dat so: De een de harr luder lütte Zitroons op de schottsche Koor[27], un de anner blots Meloons ... Sünd alltohoop „spezialiseert".

De Teesalon, so teihn Hüüs vun uns Harbarg af, harr achter sien Stratentheke een Bank. Dor passen je na Liefümfang, twee bet dree Lüüd rop. Keem ick to´n Tee drinken, worr mi Platz maakt. Ick heff mien Tee dor ohn Melk un Zucker un Kaneel drunken. De Pütt weern mi - se weern mi to smuddelig. De „Tee-Mann" aver, he harr op sien Kopp ok´n roden Turbaan, nä stopp, de weer ut swatten Linnstoff. Düsse Mann nu weer heel rein op sick! Harr he sien söven, acht Tassen in Gebruuk hatt, kreeg he se in Emmer un güng dormit na de Pump op de annere Stratensiet un wusch se ut. Wat mi ümmer wedder freut hett, sien Teewater leet he vör jedeen Kunn op sien lütten Brennspritkaker ümmer richti opkaken, vör´t Överbröhn. Dat geev in sien „Geschäft" ok Bisquits un Kaffeebroot to köpen. - Ick heff je ni eenmol veel un groot Geld mit mi rümdragen, de Inder aver hett mi alltiets rejell rutgeven - glööv ick.

---

[27] große zweirädrige Karre

De Kanalisatschoon in Delhi, de de Engländers je buun laten hebbt, funkzeneert ümmer noch. As dat mol düchtig to regen anfung, stünn boots de Straten ünner Water. Dat sackt denn na´n Stünnstiet mitsamt all den Schiet un Dreck, de sick dor ansammelt harr, enerwegens hen.

Ok de Bedürfnisanstalten, wovun dat in uns Straat twee geev, worrn vun´n Regen teemlich reinspöölt. Dor is je keen Dack över!

Toeerst harr´k mi wunnert, wat de Menschen woll achter de Muur maken, bet ick dor mol achterkeek. Do wüß ick nipp un nau, wat se dor maakt harrn!

Eenmol heff ick in een örndliches un pieksauberes Selbstbedienungslokal wat eten. Dat weer glieks den eersten Dag, as ick noch glööv, ick harr´n Maag as - as´n Schüündöscher[28]. Jeder, de sick in Delhi in so´n richti Lokal uller Restaurant sett, de kriggt vun een Boy, vun den Waterboy, ut´n Kruuk eerstmol´n Glas Water henstellt. Ick kreeg ok wat. Een hett je Döst! Un so heff ick dat ok fuurts utdrunken. - Ohaoha, dat weer mien eersten Fehler! - De Boy schenk, na un ick drunk

[28] Scheunendrescher

wedder ut. - Dat weer mien tweete Fehler in Indien ...

Ünner´n Överdack vör den een Ingang to düt Lokal, heff ick wat Snaaksches[29] beleevt. Dor ünner den Balkon in so´n schattigen Winkel vör een Hauptverkehrsstraat keem twee Mannslüüd an. De een harr´n Mapp ünnern Arm un´n Stohl in de Hand. Op den Stohl keem he sülven to sitten, un ut de Aktenmapp puul he een Schrievünnerlaag un Schrievpapeer rut un packt sick dat op´n Schoot. Dat Schrievpapeer harr´n amtlichen Breefkopp, as ick later sehn kunn. De anner Kerl weer in Uniform un harr´n Gewehr in de Hand. - „Düvel nochmol“, dach ick. „Nu ward wi all registreert!“ - Vör den annern Ingang weer aver keen Posten. De Gäst spazeern dörch beide Dören rin un rut. De beiden Beamten kümmern sick üm nüms! Ick kunn mi dor keen Riem op maken un heff mi freut, datt mien Dolmetscher, Said, mit sien Besöök intwischen intrudelt weer. Ick beluur mi dat vun dichtbi. Nu keem dor´n Mannsbild an. Maakt´n ganz hööfliche Verbeugung, un dat Resoneern güng loos. Toletzt müß he sien Utwies vörwiesen un

---

[29] absonderlich

de zivile Beamte fung an to schrieven. Dorna kloppt he noch´n Stempel op, un de indische Börger sett sien Krüüzteken ünner dat Dokument! - De Dokumentenschriever kreeg sien Obolus, un de Beamte weer praat för annere Analphabeten.“ -

Mit eenmol worr ick blots noch dat Knistern vun´t Kaminfüür wies. Vun Fiete hör ick aver nix mehr. Ick keek hooch vun mien Schrievpapeer un wüß, nu geiht em wat dörch´n Kopp. An düsse Stell hebbt Fiete un ick de tweete Buddel anbraken.

„Wenn ick dat so bedenk“, fung he to snacken an, „wat sünd de Inders doch spoorsame Lüüd. - Bi de Kledaasch geiht dat loos. - Keen lange Ünnerbüxen. - Tscha, un denn eerst dat Heizen! - Vunwegen wat in Aven böten. Narms heff ick een Aven sehn.“

Un nu fung he so richti´n beten an to philosopheeren: „Energieverschwender sünd se altohopen ni, - blots, wat worrn se woll för Ogen maken, wenn ehrn Vadder Staat so wat as´n „Sünnstüür“ sick infalln laten worr? Gor ni uttodenken! - Aver dat gifft dor wat, bi wat se ni spoort! Dat weer, dat is ...

Dor schall mi keen Mensch vertelln, de

Inders künnt keen Feste fiern! Feste künnt se dat! - De meisten vun de Feste hangt woll mit ehrn Glooven tohoop, aver Hochtieden ward dor fiert! Hochtieden! - Jeden Dag! - Na ja, bi so veel Menschen. Meist jedeen Avend trock een Hochtietsgesellschop dörch uns Straat. Vörut larmt de Muskanten! Trummeln, Trumpeten un Flöten un so´n Aart Düvelsfiedeln[30]. Achteran´n Trupp Verwandte un Bekannte, un denn, hooch to Peerd, uller Elefant, dat Bruutpoor! Un Fackeldregers an de Siet. Un Füürwark! Wunnerkerzen, Lüchtraketen un veel Volk spektakelt birüm un achterna. Un Papeerslangen, Konfetti un Lametta! Mannomann, weer ick ümmer bang, datt de Bruut man ni daalfull. - För so een Ümtog güngen sogor de heiligen Köh an de Kant.

Veer Daag vör uns Afreis, wo ick, vunwegen mien flaun Tostand al hentell, bröcht Said een Zeitung mit. „Delhi Herold" uller so. In Ingelsch. Een vun de Berichten harr Said al´n Teken geven. He leest vör: „Cholera in New Delhi ... bereits über hundert Tote ..." Do bün ick anfungen, de Stünns un Minuten to tellen!

---

30 Teufelsgeigen

De Jumbo vun de AIR-INDIA hett uns an den 17. Juli 1988 ohn Twischenstopp över Rußland in söven Stünns Punkt vittel na acht in Frankfurt aflevert.

Wat ick in mien Gepäck harr? - Ohauoha! Twee Elefanten! Dat Stück to teihn Rupies. Un Teefilters, un so´n krumm, golln Tuuthoorn mit rode Klunkers an un - un - un noch veel mehr harr ick in mien Gepäck mit trüchbringen kunnt, na´t Gesamtgewicht rekent! Ick harr je man föfteihn Pund weniger op de Rippen as op de Henreis! Aver, vun tweedusend Mark Reisgeld heff ick een bruun Lappen wedder mit torüchbröcht. Dor heff ick mi över freut, kann ick di seggen!

Wodenni dat mit de Halskeed för mien Fru bilopen is? Wat? Heff ick ni vertellt, woneem ick de köfft heff? - Na, an so´n Souveneerdisch vör een Moschee uller Tempel. Dat weer ganz gediegen. Een Halskeed mank all den Flitterkraam! De full mi glieks in´t Oog. Nu hangt se in mien Schrievstuuv! - Se is besünners smuck mit ehr lütte düüsterne Perln un twischendörch gollne! Duppelt op´n Faaden trocken! Dat Gebummel ünnen, wat so teemlich twischen de Bost vun de Fruunslüüd tohangen kamen schall, is ganz wat ... wat Sinnlichs! - As ick de Keed köfft un Said ut unsen Leddergörtel betohlt harr, weer dat Gesnöter un Gekicher vun de pummelige, al´n beten wat öllerhaftige, liekers noch glootogige Fruunspersoon de „Begleitmusik“. Said fung do luuthals to lachen an, un he verkloor mi, wat dat mit mien Halskeed op sick hett: „Wenn du deiner Frau diese Kette umlegst, wird sie dir jeden Wunsch erfüllen ...“ „Na, denn man to“, dach ick.

Sühso, nu weer ick wedder to Huus. Mien Halskeed harr ick bi Hannover al ut mien Gepäck söcht un in de Jackentasch steken. Un as mien Hund un ick, un mien Fru un ick, uns nu eerstmol freut harrn, kreeg ick de Keed je ut de Tasch. Wull se ehr ümtüddeln un so ... Weetst, wat se seggt hett? - „Wat is dat för´n Kitsch? - De bind ick ni üm!- Blief mi vun Lief!“ - Tscha, - vun de Tiet an hangt se bi mi in de Stuuv an de Wand - un ward ok ni mehr brukt.“

Uns Kaminfüür weer middewiel daalbrennt. Twee Buddeln Spätburgunder weern leddig. Fiete meen, he harr sien Muul fuselig snackt, un mien Finger harrn örndli wehdaan vun de Schrieverie. Op mien Frag, ob he mit mi tohoop noch mol wedder na Indien reisen wull, schüttel Fiete mit´n Kopp un sä:

„In mien Leven ni. Dor kriegt mi keen teihn Elefanten wedder hen. Un nu will ick to Puuch[31]!"

As ick em to Döör bröcht harr sä he noch:

„Wüll dat doch noch een vun dien Leser mit de Keed utprobeern, för gode D-Mark verkööp ick dat „Smuckstück"."

---

31 Bett

Detlef Peters

Geschichten von Damals und Heute auf dem Lande

Band I
Detlef Peters

Nu vertell ick..........

104 Seiten*ISBN 3-928054-12-0*DM 14.80

Band II
Detlef Peters - Karl-Hermann Finck

Nu hebbt twee vertellt......

112 Seiten*ISBN 3-928054-13-9*DM 14.80

BandIII
Detelf Peters - Liselotte Greife - Karl-Hermann Finck

Nu hebbt dree vertellt......

112 Seiten*ISBN 3-928054-14-7*DM 14.80

BandIV
Detlef Peters - Karl-Hermann Finck - Elsabe A. Fries - Liselotte Greife - August Wilhelm Kruse - Weertje Wilms - Jürgen Pump - Heidi Leve - Käte Jepsen - Anni Weihe - Heike Löw - Heinke Sörensen - Ulrich Wedler - Johannes Volquardsen -

Nu hebbt veel vertellt..........

160 Seiten*ISBN 3-928054-20-1*DM 19.80